KATARZYNA MICHALAK

———— • ————

Kawiarenka pod Różą

wydawnictwo FILIA

Wydanie I, Poznań 2014

Okładka i ilustracje: Olga Reszelska

Skład i łamanie: Edytorium.pl

Fotografia na okładce: © Susan Fox / Trevillion Images

ISBN: 978-83-7988-218-2

Wydawnictwo Filia
Grupa Termedia sp. z o.o.
ul. Kleeberga 8
61-615 Poznań
www.wydawnictwofilia.pl

Wszelkie pytania prosimy kierować na adres: czytelnicy@wydawnictwofilia.pl
Dołącz do nas na Facebooku!

PODZIĘKOWANIA

Amelii w przygotowaniu przepisów na słodkości, którymi będzie rozpieszczała mieszkańców Zabajki, pomagały Natasza Socha i Monika Paluszkiewicz z fajnego bloga o gotowaniu chilifiga.pl.

Serdecznie Wam za to dziękuję, dziewczyny.

Katarzyna Michalak

Rozdział I

Amelia

Zabajka – niewielkie urocze miasteczko, zagubione pośród jezior i lasów Tucholi – wygrzewała się w promieniach późnowiosennego poranka, niczym zadowolony z życia kot. Bruk uliczek, okalających rynek, lśnił po krótkim, acz intensywnym deszczu, który spadł tuż przed świtem. Drzewa w parku przed ratuszem wyciągały gałęzie ku słońcu, trawa zieleniła się radośnie, a jaśmin, który właśnie zakwitł, rozsiewał wokół odurzające aromaty. Mieszkańcy niespiesznie ruszali do swoich zajęć, ale jeśli nadarzyła się okazja na zamienienie paru słów z sąsiadem czy niewinne ploteczki z sąsiadką, chętnie z niej korzystali. Dzień wstawał piękny, ciepły i słoneczny...

Nic, absolutnie nic – żadne znaki na niebie czy na ziemi – nie zapowiadało rewolucji, która lada moment miała zburzyć spokój tego miasteczka.

Rewolucja o imieniu Amelia – być może Amelia, bo nie na pewno – właśnie otworzyła oczy.

Przez chwilę leżała, wpatrując się w sufit, potem ostrożnie zerknęła na boki, wreszcie usiadła, rozglądając się po pokoju. Gdy tu przybyła, w domu panowały egipskie ciemności. Prawdopodobnie nie był prądu, bo żadnym pstryczkiem-elektryczkiem nie udało się Amelii włączyć światła. Teraz więc poznawała najbliższe otoczenie, czyli niewielki pokój, do którego po omacku dotarła i w którym zasnęła, nie mając siły nawet na szybką kąpiel. Zresztą kąpiel po ciemku w obcym domu nie była tym, o czym marzy się po długiej podróży.

Przez okna, ozdobione pożółkłymi ze starości zazdrostkami, wpadały potoki słońca, co Amelię, osóbkę z natury pogodną, od razu nastawiło pozytywnie. I do poranka, i do pokoju, który dał jej przytulenie w ciemną noc, i do domu, który ponoć miał należeć do niej, a wreszcie do miasteczka, które od dziś miało być jej miasteczkiem. Zabajka – tak się nazywało. Nie mogło nazywać się piękniej.

Amelia, nie namyślając się ani chwili dłużej, wyskoczyła z łóżka, przebiegła przez pokój i korytarz, otworzyła na oścież przeszklone drzwi, stanęła na schodkach i… zamarła na chwilę, chłonąc piękno otoczenia wszystkimi zmysłami, a potem nabrała do płuc pachnącego majem powietrza i krzyknęła na cały głos:

– Goooood moooorning, Zabajko!

Życie w Zabajce zamarło na parę chwil.

Wszyscy, którzy akurat byli na rynku, zwrócili zaskoczone spojrzenia ku jednej z kamieniczek, na której progu stała nieznajoma dziewczyna.

Kobietom od razu rzuciła się w oczy jej niecodzienna uroda: lśniące, czarne włosy, duże oczy, okolone długimi rzęsami i smagła cera. Mężczyźni nie mogli nie zauważyć zgrabnej, szczupłej sylwetki, odzianej w… no tak, w nocną koszulę. Nie było nikogo, kto nie uniósłby w tym momencie brwi ze zdumienia.

A Amelia pomachała im wszystkim, krzyknęła: – Chciałam się tylko przywitać! – i… już jej nie było. Zamknęła za sobą drzwi, oparła się o nie plecami, zaśmiała się do siebie, po czym – skoro z Zabajką zawarła już znajomość – ruszyła na zwiedzanie domu.

Kamieniczka, w której przyszło jej zamieszkać, była z obu stron przytulona do dwóch innych, ale nie tak uroczych, jak to od razu stwierdziła Amelia.

Od frontu, na parterze, mieściło się duże pomieszczenie, kiedyś zapewne sklep albo kawiarnia, bo pod ścianą stała pokryta kurzem lada z litego drewna, a za nią liczne półki, teraz puste. Amelia, nie zważając na ten kurz, przejechała po blacie dłonią. Zalśnił, odbijając promienie słońca.

– Dobra, dawna robota – szepnęła.

Lubiła stare sprzęty, które miały swoją historię, lubiła stare domy z duszą. Ten taki właśnie był.

Po drugiej stronie korytarza znajdowało się maleńkie mieszkanko, ot pokoik z kuchnią i łazienką, w którym to pokoiku Amelia spędziła noc. Spało jej się całkiem przyjemnie, jak na nowe miejsce, do którego dotarła w niecodziennych okolicznościach.

Z korytarza wiodły schody na piętro, gdzie Amelia natychmiast po zwiedzeniu parteru się udała. Tam dziewczynę zachwyciło duże i jasne – mimo okien niemytych chyba od stuleci – mieszkanie z salonem, o przybrudzonych wprawdzie ścianach, ale za to z drewnianym parkietem na podłodze i balkonem o ręcznie kutej, żeliwnej balustradzie, wychodzącym na rynek. Po drugiej stronie korytarzyka znajdowały się dwie sypialnie, z których jedna także posiadała niewielki balkonik, i duża jasna kuchnia. Wszystkie te pomieszczenia miały okna wychodzące na ogródek, tak samo zaniedbany jak cały dom. Od czego są jednak dobre chęci? Tych Amelia miała pod dostatkiem...

Jej pracowitej ręki dopraszała się także łazienka, w której królowała stara wanna na wygiętych nóżkach, stojąca pod oknem, również wychodzącym na zieleń.

Piętro Amelię zachwyciło. Bez dwóch zdań.

Poddasze, tajemnicze i zakurzone, gdzie zajrzała na chwilę – również. Nie zdążyła jednak dokładnie zwiedzić i jego, bo do drzwi na parterze zapukano głośno i stanowczo.

Amelia zbiegła po schodach, złapała swoją kurtkę, którą w nocy zostawiła na poręczy schodów, narzuciła ją na nocną koszulę i mogła witać gości.

Otworzyła drzwi na całą szerokość i widząc dwie starsze kobiety i trzecią, nieco młodszą, szerokim gestem zaprosiła je do środka. Zmieszały się, widząc tę nieudawaną serdeczność i uśmiech w oczach dziewczyny, ale nie odpowiedziały tym samym.

– Dzień dobry – odezwała się pierwsza z nich. – Jestem Olena Ryska, wójtowa.

– Amelia – powiedziała Amelia.

– Emilia Kurz – przedstawiła się druga z kobiet. – Radna.

– A ja – wskazała na siebie trzecia, jakby Amelia miała podejrzenia, że mówi o kim innym – Magda Wiesławska, gospodyni domowa.

Dziewczyna powtórzyła swoje: – Amelia – i... no właśnie, dokąd poprowadzić gości? Żaden z pokojów nie nadawał się na podanie najskromniejszego nawet poczęstunku. Zresztą Amelia nie miała nawet herbaty, że o ciasteczkach do niej nie wspomnieć.

Nieco skonsternowana spojrzała na stojące w korytarzu kobiety.

– Przepraszam, ale nie mam czym pań ugościć.

– Ależ my tylko na chwilkę! – Olena, wójtowa, zamachała rękami. – Nie turbuj się, kochana. Po prostu ten dom stał pusty od paru ładnych lat, prawdą jest, że gdy tu nastałam, już w nim nikt nie mieszkał, a tu nagle zjawiasz się ty, moja kochana, i w negliżu pozdrawiasz nas, niczym papież jakiś.

Jeśli liczyła, że tym dziewczynę zawstydzi, to musiała się rozczarować. Amelia parsknęła śmiechem i odparła:

13

– Tak. Czasem bywam zbyt spontaniczna. Ale tak mi się ten dom i to miasteczko spodobało… Musiałam, po prostu musiałam wyskoczyć z tym „Gooood moooorning…".

Magda, gospodyni domowa, uśmiechnęła się mimowolnie, ale uśmiech ten zgasł natychmiast pod surowym spojrzeniem wójtowej. Ta ciągnęła dalej:

– Wiedz, kochana, że nie jesteśmy tu zwyczajni obcych, szczególnie tak… ekstrawaganckich… – obrzuciła Amelię i jej nocną koszulę spojrzeniem pełnym dezaprobaty.

– Ekstrawaganckich? – zdumiała się dziewczyna. – Nie używacie tutaj nocnych koszul?

– Używamy, a jakże, jednak nie biegamy w nich po ulicy!

– Ja też nie – uspokoiła ją Amelia. – Ale na schodkach własnego domu mogę się w niej czasem pojawić. Rzadko – dodała w następnej chwili, widząc zgorszoną minę wójtowej.

– Opalać się topless na balkonie, moja kochana, nie będziesz? – to nie było pytanie, raczej groźba, ale Amelia zupełnie się tym nie przejęła. Po prostu z uśmiechem pokręciła głową.

– To nie w moim stylu – stwierdziła. – Za to cała reszta, owszem. Dom jest naprawdę piękny, a miasteczko sprawia wrażenie bardzo sympatyczne.

– I takie jest – zapewniła Magda, nic sobie nie robiąc ze spojrzeń wójtowej.

– No cóż, witamy w Zabajce – w głosie Oleny nie było entuzjazmu. – A skoro już tu jesteś, moja kochana, nie będziesz więcej siała zgorszenia, prawda?

Amelia odpowiedziała z głębokim przekonaniem:

– Będę. Stanowczo będę.

Kobiety wyszły – Olena urażona do żywego – więc Amelia mogła powrócić do eksplorowania domu. Musi znaleźć czajnik, najlepiej elektryczny, kubek i jakieś sztućce. Może gdzieś, w kącie kredensu, poniewiera się choć jedna marna torebeczka herbaty? Dziewczyna marzyła o łyku ciepłego, aromatycznego płynu – może i cukier jakiś się znajdzie? – ale nie była jeszcze gotowa wyjść na zewnątrz i zrobić zakupy w najbliższym sklepie. Jeszcze nie. Najpierw musi oswoić dom.

Zrobiła krok w kierunku schodów na piętro, tam gdzie znajdowała się porządna kuchnia z pięknym, starym kredensem, który na pewno skrywał jakieś tajemnice, gdy... ponownie rozległo się pukanie do drzwi.

Amelia przewróciła oczami, ale bez złości – ona nie potrafiła się złościć z tak błahego powodu, jak niezapowiedziane odwiedziny tubylców, ciekawych nowej mieszkanki – i zawróciła, by otworzyć.

Tym razem na progu stała dwie kobiety, a właściwie kobieta, z pięć lat od Amelii starsza i dziewczyna w jej wieku. Obie uśmiechały się znacznie przyjaźniej i serdeczniej niż ich poprzedniczki, a o ich dobrych intencjach świadczył... prezent, który starsza właśnie wręczała zaskoczonej Amelii.

– Cześć, to dla ciebie. Przyszłyśmy się przywitać i upewnić, że po wizycie trzech gracji nie myślisz o ucieczce z Zabajki.

– Trzech smoczyc, chciałaś rzec – sprostowała z uśmiechem młodsza z kobiet. – Ja jestem Tosia, przedszkolanka.

– To mówiąc, objęła Amelię, jakby znały się dłużej niż trzy minuty, i cmoknęła w policzek. – A to cierń w oku wójtowej, niepokorna, nieco szalona Ksenia – dodała, wskazując na swoją towarzyszkę, która uniosła kącik ust w szelmowskim uśmiechu. – Witaj w Zabajce.

Jej przyjaciółka o niezwykłym imieniu przywitała się z Amelią równie serdecznie.

– Ty jesteś Amelia, to już wiemy. Całe miasteczko już wie. Olena zaraz za progiem oznajmiła, że „z tą Amelią będą same kłopoty, ja to wiem, moja kochana". Ale ty nie wyglądasz na zbyt kłopotliwą laskę. To, że witasz świat słynnym „Goood moooorning, Vietnam"…

– …w nocnej koszuli… – wpadła jej w słowo Tosia i parsknęła śmiechem.

– W nocnej koszuli… – Ksenia zaśmiała się również.

– Jestem spontaniczna – wyznała Amelia, zawstydzona.

– Czasem zbyt spontaniczna. Poczułam takie szczęście, że mam się gdzie podziać… Musiałam, po prostu musiałam to wykrzyczeć prosto z serca.

Obie pokiwały ze zrozumieniem głowami. One też przybyły do Zabajki z innych rejonów Polski, po długich poszukiwaniach miejsca, które będzie t y m miejscem. I to miasteczko, do nastania rządów Oleny Ryskiej, rzeczywiście takie było.

– Nie tylko masz się gdzie podziać, laska, ale podziewasz się w najładniejszej chyba kamieniczce ze wszystkich. Zawsze chciałam ją kupić, ale stary drań Cichocki odmawiał. Nie wiem, jak ci się udało go przekonać…

– Stary drań Cichocki? – powtórzyła za nią Amelia, nagle poważniejąc, a potem włożyła rękę do kieszeni kurtki i wyciągnęła zwykłą, białą kopertę. Podała ją Kseni.

Kobieta z ciekawością zajrzała do środka, wyjęła złożoną na czworo kartkę, na której ktoś napisał parę zdań równym, męskim charakterem, i przeczytała:

Najdroższa „Amelio",

Oto klucze do Twojego nowego domu. Adres: Rynek 3, Zabajka k. Chojnic.
Mam nadzieję, że będziesz w nim szczęśliwa.
Jeśli Ci się spodoba, po roku zostaniesz jego właścicielką.

Twój T.

PS. W załączeniu nieco grosza na dobry początek.

Ksenia skończyła czytać na głos ten krótki, acz treściwy list i uniosła wzrok na dziewczynę. Ta stała bez ruchu, wpatrując się w kartkę spojrzeniem tak intensywnym, jakby chciała wyczytać z niej coś więcej.

– Kim jest T.? – zapytała nieswoim głosem, spoglądając na obie kobiety oczami, w których nagle dojrzały niepewność i zagubienie. Blask, który jeszcze przed chwilą rozświetlał jej źrenice, zgasł.

– Nie wiesz tego? – zdziwiła się Ksenia.

Dziewczyna pokręciła głową.

– Nie wiesz, od kogo dostałaś dom?! Taki dom?! – wykrzyknęła Tosia, nie posiadając się ze zdumienia.

– Może to dziwne, hmm… nawet nie może, a na pewno, ale ja w ogóle niewiele wiem – odparła Amelia.

Odwróciła się do nich tyłem, pochyliła głowę i odgarnęła włosy. U ich nasady biegła ledwo zagojona, paskudna rana, zszyta wieloma szwami. Ksenia z Tosią wciągnęły powietrze. Dziewczyna znów na nie patrzyła.

– Ocknęłam się parę dni temu, po dwóch tygodniach śpiączki, w bydgoskim szpitalu. Znaleziono mnie półżywą na poboczu drogi i tam właśnie zawieziono. Nie miałam przy sobie torebki, nie miałam dokumentów, tylko tę kopertę w kieszeni kurtki. I rozwaloną czymś ciężkim głowę. Nie pamiętam zupełnie nic. Nie wiem, jak mam na imię i nazwisko. Mogłabym wnioskować z tego listu, że Amelia, ale nawet ono jest w cudzysłowie…

Słuchały jej z rosnącą zgrozą i współczuciem. Zostać napadniętą! Stracić pamięć! Zupełnie!

– Miałam nadzieję, że gdy tu przyjadę, poznam owego T. i on powie mi przynajmniej, jak się nazywam, ale… dom był pusty. Czy właściciel, ten Cichocki, o którym wspomniałaś, ma imię zaczynające się na T? – zapytała Ksenię z błaganiem w ciemnobrązowych, niemal czarnych oczach, ale ona odparła, kręcąc głową:

– Na Z jak Zbyszek.

Amelia, która być może Amelią nie była, posmutniała. Tosia pogładziła ją serdecznie po ramieniu.

– Odnajdziesz swojego T. Na pewno. Pamięć wróci sama. Zobaczysz, wszystko będzie dobrze, a na razie przyjmij ten skromny poczęstunek. – Wyjęła z rąk Kseni prezent, który ta, ku swemu zdumieniu, cały czas trzymała w rękach, i wręczyła go Amelii. – Pomyślałyśmy, że w starym domu, opuszczonym od lat, nie znajdziesz niczego na osłodę, więc proszę.

Amelia z wdzięcznością przyjęła spakowane naprędce pudełko, zajrzała do środka i… oczy zwilgotniały jej ze wzruszenia: wszystko, o czym marzyła od samego rana, znajdowało się tutaj, w tej skromnej paczuszce. Paczka earl greya, kawałek pięknie pachnącego ciasta, słoiczek miodu, mała, śliczna filiżanka, talerzyk i łyżeczka.

– To na powitanie – odezwała się Ksenia, wyraźnie poruszona łzami w oczach dziewczyny.

– Nawet nie wiecie, jak bardzo marzyłam o kawałku ciasta do herbaty właśnie dziś, pierwszego dnia w nowym domu. Kosztowanego najlepiej na balkonie wychodzącym na ogródek. W przemiłym towarzystwie nowych sąsiadek…

– Ja muszę biec do przedszkola, do moich urwisów, Ksenia wyrwała się z apteki na te parę minut, ale ty zjedz śniadanie i wypij herbatę także za nas, okej?

Amelia kiwnęła głową i – już wiedząc, że zostaną przyjaciółkami na śmierć i życie – wszystkie trzy pożegnały się serdecznie.

Została sama, ze słońcem w oczach i nadzieją w sercu. Teraz posili się porządnie, potem zajmie się domem, a gdy wypucuje go na błysk, przyjdzie pora na poszukiwanie T., kimkolwiek by nie był i… własnej zagubionej tożsamości. Może zresztą pamięć wróci sama? Już całkiem niedługo? Amelia była przecież drimerką, a o przypomnieniu sobie kim jest, marzyła w tej chwili najbardziej na świecie…

Siedziała na balkonie, dokładnie tak jak sobie po przebudzeniu wymarzyła, popijając herbatę i delektując się domowym sernikiem – był pyszny! – i patrzyła w zamyśleniu na zapuszczony ogródek. Królowały tu pokrzywy, łopiany i inne zielsko, którego nazwy nie znała, ale już ona się z chwaściskami rozprawi, spokojna głowa! Posadzi róże, najpiękniejsze, najśliczniej pachnące, oprócz nich kolorowe, wdzięczne niecierpki i wyniosłe, ale pięknie kwitnące azalie tam, pod ogrodzeniem, gdzie będą miały dużo słońca. W podcieniu domu ciemnozielone rododendrony o błyszczących liściach, a obok wesołe, jasne, postrzępione paprocie, dużo paproci, najlepiej pióropuszników. Już oczami wyobraźni widziała siebie, jak w ferworze walki z chwastami i szale twórczym przekształca chwaszczak w piękny, romantyczny, choć niewielki zakątek, ale… coś nie dawało jej spokoju.

„Oto klucze do Twojego nowego domu".

Wstała gwałtownie. Wybiegła przed kamieniczkę, ponownie wzbudzając poruszenie wśród Zabajczan, stanęła naprzeciw domu i patrzyła na niego długą chwilę, szukając w umyśle choć cienia wspomnień, a w sercu choć odrobiny uczucia.

To miejsce zostało dla niej, Amelii, wybrane. Najwidoczniej przez kogoś, kto żywi do niej ciepłe uczucia, skoro zadał sobie tyle trudu, by zdobyć dom od niejakiego Cichockiego, który kamieniczki nikomu innemu nie chciał sprzedać.

Może całkiem niedawno przyjechała tu z tajemniczym T., stanęła przed kamieniczką tak, jak stoi w tej chwili, i powiedziała stanowczym i pełnym wzruszenia głosem:

– Chcę mieszkać właśnie tu. Proszę cię, T., zdobądź dla mnie tę śliczną, niewielką, starą kamienicę.

Chyba powinna to pamiętać! Jeżeli nie uszkodzonym mózgiem, to chociaż sercem!

Przytknęła palce do skroni, zacisnęła powieki i próbowała przywołać tamtą chwilę.

Na próżno.

Zaciskała dłonie na biednej, skołatanej głowie tak silnie, aż z gardła wydobył się jęk. Jęk bólu i rozczarowania. Uniosła powieki, otarła dwie łzy z kącików oczu.

Nic z tego.

Ten dom, to miejsce, to miasteczko nie wzbudzały w Amelii żadnych wspomnień i żadnych uczuć. Wnioski nasuwały się dwa: albo nigdy przedtem tu nie była, albo… Czy to możliwe, by to śliczne miejsce w tamtej, poprzedniej Amelii nie wywołało żadnych uczuć? Może w poprzednim „wcieleniu" była nieczułą, rozpieszczoną jedynaczką, która dla kaprysu postanowiła wyprowadzić się z Warszawy czy Poznania i pomieszkać w małej, malowniczej mieścinie, a T. jak tatuś, by spełnić życzenie córeczki, pstryknął palcami i ot tak wyczarował jej kamieniczkę w Zabajce?

Czy utrata pamięci może zmienić charakter? I serce?

Amelia, która być może nie była nawet Amelią, poczuła się zupełnie zagubiona.

Nie dość, że utraciła tożsamość, przeszłość i w jakimś stopniu przyszłość – nie miała bowiem pojęcia o czym kiedyś marzyła, co pragnęła osiągnąć, kim zostać – teraz czuła, że traci samą siebie…

Znów przycisnęła dłonie do skroni. Głowa zaczęła pękać z bólu i frustracji.

– Dosyć! – krzyknęła półgłosem. – Dość, bo zwariujesz! Pójdziesz teraz do urzędu gminy, by wyrobić nowy dowód, od razu ci się od tego polepszy, a potem odnajdziesz

Cichockiego i zapytasz, kim na Boga jest T. i gdzie go szukać! Kto jak kto, ale właściciel czy były właściciel nieruchomości powinien to wiedzieć!

Jak postanowiła, tak uczyniła.

Uzbrojona w uroczy uśmiech parę kwadransów później stała przed nieprzyjazną urzędniczką – nieprzyjazną dlatego, że nie lubiła nieznajomych ślicznych dziewcząt, które jak nic zgarną nielicznych interesujących kawalerów, których wybór w Zabajce był niewielki – i podawała dokument policyjny, który wyjaśniał jej, Amelii, sytuację.

– Aaaa, to pani jest ta nowa? – Z twarzy urzędniczki zniknęła odpychająca obojętność, którą zastąpiła ciekawość.

– Ta, co dostała kamienicę Cichockiego i na golasa dziś rano oznajmiła ten fakt całej Zabajce?

„W koszuli nocnej" – chciała sprostować Amelia, ale zamiast tego odparła z uśmiechem, wskazując na siebie:

– Ta sama.

– Olena, wójtowa znaczy się, przybiegła poruszona i zgorszona do granic. Podobno jest pani tą, no, nudystką i będzie paradować nago po rynku, że niby pani taka naturalna i wyzwolona!

– Nie jestem nudystką i nie będę się publicznie obnażać – zapewniła Amelia, czerwieniąc się mimo wszystko z zawstydzenia, ale też rozbawiona w duchu. Ludzie naprawdę mają wyobraźnię i potrafią z niewinnego, nic nieznaczącego epizodu, ot spontanicznego powitania miasteczka i mieszkańców Zabajki, wysnuć teorię o nudystach i wyzwoleniu...

– To dobrze – stwierdziła urzędniczka – bo nie spodobałoby się to inspektorowi Gromce, a on lubi, by w jego rewirze panował spokój, porządek i obyczajność. – To zabrzmiało jak ostrzeżenie, a Amelia pokiwała głową z należytą powagą. – Proszę wypełnić ten druczek. – Urzędniczka podsunęła Amelii płachtę z wieloma rubrykami.

Dziewczyna uniosła brwi.

Imię, to wiadomo, Amelia. Chociaż nie, nawet tego nie wiadomo, ale Amelia, lecz nazwisko? Data urodzenia? Skąd ona ma to, na litość boską, wiedzieć?!

– Proszę coś wymyślić. Ma przecież pani papiery na amnezję – podpowiedziała urzędniczka, nastawiona już do dziewczyny całkiem przyjaźnie. Skoro ta cała Amelia nie będzie po Zabajce biegać nago, kobiet gorszyć i mężczyzn kusić, należy do biduli, co postradała pamięć, wyciągnąć pomocną dłoń.

– Ale ja... nic nie przychodzi mi do głowy.

Kobieta rzuciła okiem na druk, gdzie wypełniona była jedynie rubryka z imieniem, a potem przeniosła spojrzenie na dziewczynę.

– Wygląda pani na jakieś dwadzieścia pięć lat, rok urodzenia wpiszemy więc 1989, datę jutrzejszą, 30 maja, to będzie pani jutro mogła świętować dwudzieste piąte urodziny, a co do nazwiska...

– Majowa – wpadła jej w słowo Amelia, której bardzo spodobał się tok rozumowania kobiety. – Skoro urodziłam się w maju, to Majowa pasuje jak ulał.

Urzędniczka lekko zmarszczyła nos.

– Nie wolałaby pani coś… no nie wiem… bardziej szlachetnego? Może nie od razu Mickiewicz, czy Konopnicka, ale Potocka, Zamojska, Czartoryska? Ma pani niemal wszystkie rodowe nazwiska do wyboru, więc jak szaleć, to szaleć!

– Amelia Majowa brzmi bardzo dobrze – odparła stanowczo dziewczyna.

Nie chciała być Potocką, czy Czartoryską, bo do Zabajki zupełnie to nie pasowało, a skoro ma być jej, Amelii, miejscem na ziemi, musi się z tym miejscem jak najlepiej dogadać. Wrosnąć w nie. Wniknąć. Jako Amelia Majowa ma na to szansę, jako Amelia Czartoryska… niekoniecznie.

O, zupełnie przy okazji odkryła jedną z cech swego charakteru, którą posiadała pewnie wtedy, skoro posiada ją teraz: nie jest snobką. A to już coś!

Wyszła z urzędu gminy uśmiechnięta i zadowolona, ściskając w rękach tymczasowy dokument, stwierdzający, że jest Amelią Majową i jutro obchodzi dwudzieste piąte urodziny. To dobry powód, by zaprosić mieszkańców Zabajki na ciasto „Kocham Cię”.

Dziewczyna stanęła jak wryta. Skąd jej to przyszło do głowy?!

Nie, nie sam pomysł urządzenia urodzin dla znajomych i nieznajomych, ale nazwa – przecież niezwykła – ciasta, na które przepis… znała! Tak! Wiedziała jak to ciasto przygotować, jakie kupić składniki i… kurczę!... zrobi je właśnie według tego przepisu! Z pamięci! Nie zaglądając do internetu, nie szperając po kulinarnych blogach! Jej biedny, potraktowany ciężkim narzędziem mózg wprawdzie nie pamiętał, jak ma na imię jego właścicielka, ale znał przepis na wyjątkowe ciasto. Alleluja!

Amelia przebiegła rynek, wpadła do sklepu spożywczego i bez zastanowienia zaczęła wrzucać do koszyka potrzebne składniki. Krakersy, puszkę z masą kajmakową, krem do karpatki, słodką śmietankę, rodzynki, migdały w płatkach... Starała się przy tym za wiele nie myśleć, pozwalając działać intuicji. Mózg mógłby przypomnieć sobie, że przecież niczego nie pamięta i z ciasta nici…

Ekspedientka – młoda dziewczyna – przyglądała się Amelii ukradkiem. Minę miała podobną jak całkiem niedawno urzędniczka w gminie.

Dopiero gdy Amelia z pełnym koszykiem i rozjaśnionymi uśmiechem oczami podeszła do niej… nie mogła nie odpowiedzieć uśmiechem. Po prostu patrząc na uroczą twarz nieznajomej, na dołeczki w policzkach i błyszczące radością ciemne oczy, nie potrafiła udawać naburmuszonej.

– Jutro mam urodziny, zapraszam na ciasto. – Amelia wskazała pełny koszyk.

Ekspedientka uniosła ze zdumienia brwi.

– Ale… ja… to chyba nie wypada… przecież się nie znamy…

– Jestem Amelia. Amelia Majowa. Mieszkam w kamieniczce pod numerem trzecim – rzekła i wyciągnęła do tamtej rękę.

– Marylka. Marylka Kowal. Ja nie stąd. Dojeżdżam ze wsi. – Dziewczyna podała swoją i uśmiechnęła się nieśmiało. Po naburmuszeniu nie zostało ani śladu.

– Marylka, jeśli masz jutro czas, no i chęci na małą urodzinową imprezę, zapraszam. Powiedzmy o siedemnastej.

– Ja… mam dużo czasu. Mieszkam sama. – Dziewczyna posmutniała.

Amelia może powinna wypytać o powód tej samotności, ale… poczuła, że to nie jest dobry moment. Jutro, gdy siądą na balkonie, z filiżanką herbaty – musi dokupić filiżanek, skoro urządza urodziny, bo ma przecież tylko jedną! – i talerzykiem z ciastem – talerzyki też musi kupić!, przecież nie poda gościom tego ciasta do ręki!, i łyżeczki by się przydały… – jutro więc, gdy nadejdzie dobry moment, delikatnie spyta Marylkę Kowal o przyczynę jej samotności. Ona, Amelia, też przecież nie miała nikogo. Mogą sobie podać ręce.

I nagle objęła poznaną przed chwilą dziewczynę, ekspedientkę sklepiku spożywczego w Zabajce, i przytuliła serdecznie. Ta stała przez moment sztywno, po czym z głębokim westchnieniem, a może był to powstrzymywany płacz, objęła Amelię i szepnęła ledwo słyszalnie:

– Dziękuję.

I nie było to podziękowanie za zaproszenie na urodziny. A przynajmniej nie tylko za to...

Zmieszane, ale trochę szczęśliwsze niż przed chwilą, odsunęły się od siebie w następnym momencie.

– Będę jutro o siedemnastej – zapewniła Marylka. – Czy... – zawahała się na moment – dużo ludzi zapraszasz?

– Nie wiem, ile poznam do jutra, ale na razie ciebie, Ksenię i Tosię.

Marylka odetchnęła leciutko, a Amelia uśmiechnęła się powtórnie.

– Myślałaś, że pobiegnę z zaproszeniem do Oleny?

– Bądź co bądź to wójtowa, a ja... zwykła sprzedawczyni – próbowała się tłumaczyć.

Amelia przechyliła głową, mierząc dziewczynę uważnym spojrzeniem.

– Coś mi się wydaje, że nie taka zwykła. Zwykłe sprzedawczynie nie czytają „Cienia wiatru" Zafóna. W oryginale.

Marylka pokraśniała z zaskoczenia, ale i radości. Ta nieznajoma – teraz już znajoma – dziewczyna nie tylko okazała się najsympatyczniejszą z przyjezdnych, nie tylko dostrzegła, iż ona, Marylka, rzeczywiście czyta tę wspaniałą książkę, ale też, że jest to oryginalny egzemplarz, z którego zdobyciem sporo się natrudziła! Na dodatek była to książka z autografem, bo Marylka uwielbiała tego pisarza i to właśnie dzieło, które kosztowało ją – właśnie ze względu na autograf… lepiej nie mówić. Nie w miasteczku, w którym nikt nie czytał książek, no może oprócz kilku wyjątków, bo każdy wolał seriale albo eurosport w telewizji. Amelia… tak, Amelia by doceniła książkę z podpisem autora, ale… Marylka nie śmiała jej jeszcze o tym powiedzieć.

– Dobrze znasz język hiszpański – zauważyła Amelia, przyglądając się leżącej na półce za kasą książce.

– Uwielbiam. Tak jak Zafóna – odparła Marylka cicho, zupełnie jakby się wstydziła.

Uczyć się hiszpańskiego – to dopiero była ekstrawagancja… Nawet szefowa o tym nie wiedziała, bo chyba by się jej to nie spodobało. Amelia weszła to sklepu tak nagle, że Marylka nie zdążyła ukryć książki pod kontuarem.

– Oddałabym pół życia, bo pojechać do Barcelony. Odkryć miejsca, o których pisał – dodała jeszcze ciszej, zupełnie nie rozumiejąc, dlaczego zwierza się tej zupełnie nieznajomej dziewczynie.

Amelia pokiwała głową, mrużąc lekko czarne oczy. Była drimerką, o czym Marylka nie mogła wiedzieć, bo nie zdążyły pogadać tak dłużej, od serca. Ale… niedługo się o tym dowie i to nie tylko ona. Całe miasteczko doświadczy niezwykłych zdolności tej zwykłej na pierwszy rzut oka dziewczyny, Amelii Majowej, która wzięła się nie wiadomo skąd i nie wiadomo co właściwie tu robi.

Cudowne, słodkie,
małe formy cukiernicze –
lizaki, krówki, karmelki, wafle,
a na koniec
przepyszne musy owocowe
i owocowe słodkości

―――――――――

Otwieram szeroko drzwi i wchodzę. Stawiam bose stopy na starej kamiennej podłodze. Przymykam oczy i chłonę zapach wnętrza. Wyobrażam sobie, jak wysłużone półeczki cukierni zapełnią się wszelkiego rodzaju słodkościami. Wielkie słoje wypełnię karmelkami i krówkami domowej roboty. W małe kryształowe słoiczki powtykam kolorowe lizaki. Ustawię je na ladzie tak, żeby dzieci mogły same po nie sięgać. Tak, to właśnie tu stworzę cukierenkę marzeń. Tak właśnie będzie. Tak musi być.

Marcepanowe kulki

Delikatne, aksamitne, dosłownie rozpływają się w ustach. Te pyszne migdałowe kuleczki wyglądają jak malutkie kartofelki.

Potrzebujemy:
250 g obranych migdałów
(miażdżymy je blenderem tak długo, aż powstanie kleista masa)
300 g cukru pudru
1–2 łyżek wody
kilka kropli olejku migdałowego
w wersji dla dorosłych można dodać odrobinę rumu lub likieru,
np. amaretto

Wszystkie składniki zagniatamy, aż powstanie jednolita masa, którą formujemy w wałek i schładzamy przez kilka godzin w lodówce. Następnie z gotowej masy lepimy kulki, mniej lub bardziej okrągłe, i obtaczamy je w gorzkim kakao. Każdą kulkę możemy włożyć w ładną papierową papilotkę.

Cukierki waniliowo-śmietankowe

Czy wszystkim te cukierki kojarzą się z dzieciństwem? Twarde, śmietankowe, pyszne. Będą się pięknie prezentowały w wielkim słoju na starej ladzie. To także dobry pomysł na prezent – wystarczy je pozawijać w folię, związać jej boki kolorowymi wstążeczkami i spakować w mały słoiczek. Ten, kogo obdarujemy takim słodkim upominkiem, z pewnością go doceni.

Potrzebujemy:
400 g drobnego cukru
0,5 l śmietanki kremówki (36%)
1 laski wanilii

Do małego garnka z grubym dnem wlewamy śmietankę, wsypujemy cukier i wrzucamy rozkrojoną laskę wanilii (na początku zostawiamy całą laskę, aby uzyskać intensywny aromat, w połowie gotowania wyciągamy ją jednak, pozostawiając tylko miąższ). Całość podgrzewamy bardzo wolno, często mieszając, i gotujemy przez prawie godzinę. Po tym czasie otrzymujemy zagęszczoną masę. Po wyłożeniu małej porcji łyżeczką na chłodny talerz widzimy, że szybko tężeje.
Masę wylewamy do płytkiego naczynia – najlepiej silikonowego lub z miękkiego plastiku, żeby łatwiej było wyjmować gotowe cukierki – tak aby utworzyć warstwę o grubości 1–1,5 cm. Po ostygnięciu kroimy ją na małe prostokąty. Cukierki zawijamy w kolorową folię lub ozdobne papierki i zawiązujemy wstążeczkami. Cudeńka!

Krówki waniliowe

Uwielbiam krówki. To takie klasyczne cukierki – słodkie i kruche. Gdy już opanujemy sztukę ich przygotowywania, będziemy mieli mnóstwo możliwości urozmaicenia ich wyglądu i smaku – wanilia, mak, kakao? A wszystkie palce lizać!

Potrzebujemy:
300 ml niesłodzonego mleka skondensowanego z puszki
3/4 szklanki cukru
1 łyżki miodu
1/3 kostki masła
1 łyżeczki miąższu z laski wanilii
(trzeba ją przekroić wzdłuż i małym nożykiem zeskrobać czarne drobinki)

Wszystkie składniki gotujemy w garnku z grubym dnem. Cały czas mieszając, doprowadzamy do wrzenia. Gdy masa stanie się gęsta, zdejmujemy garnek z ognia i ucieramy ją kilka minut, po czym wylewamy do naczynia wyłożonego folią i schładzamy. Kiedy stwardnieje, wycinamy z niej prostokąty.

Krówki kakaowe

Pyszne, klasyczne krówki, delikatnie wzbogacone o wytrawne kakao. Trochę mniej słodkie, mocniejsze w smaku.

Potrzebujemy:
300 ml niesłodzonego mleka skondensowanego z puszki
3/4 szklanki cukru
2–3 łyżek kakao
1/3 kostki masła
1 cukru waniliowego

Wszystkie składniki zagotowujemy w garnku z grubym dnem, cały czas mieszając. Gdy masa zrobi się gęsta, zdejmujemy garnek z ognia i ucieramy ją kilka minut. Następnie wylewamy do naczynia wyłożonego folią i schładzamy. Kiedy stwardnieje, wyjmujemy i kroimy na prostokąty.

Krówki z makiem

Jeśli lubicie mak, koniecznie tego spróbujcie. Słodycz oryginalnych krówek przełamana mikroskopijnymi ziarenkami czarnego maku...

Potrzebujemy:
300 ml niesłodzonego mleka skondensowanego z puszki
3/4 szklanki cukru
około 50 g maku

1/3 kostki masła
1 cukru waniliowego

Wszystkie składniki – oprócz maku – gotujemy w garnku z grubym dnem i cały czas mieszając, doprowadzamy do wrzenia. Gdy uzyskamy gęstą masę, zdejmujemy garnek z ognia i dosypujemy maku. Masę ucieramy kilka minut i wylewamy do naczynia wyłożonego folią. Schładzamy. Kiedy stwardnieje, wyjmujemy i kroimy na prostokąty.

Krówki z sezamem

A może sezam? Krówki z sezamem to już zupełnie inne połączenie. Są bardziej wytrawne i chrupiące.

Potrzebujemy:
300 ml niesłodzonego mleka skondensowanego z puszki
3/4 szklanki cukru
około 50 g ziaren sezamu
1/3 kostki masła
1 cukru waniliowego

Wszystkie składniki – oprócz sezamu – gotujemy w garnku z grubym dnem i cały czas mieszając, doprowadzamy do wrzenia. Kiedy masa stanie się gęsta, zdejmujemy garnek z ognia, dosypujemy sezamu i ucieramy ją kilka minut. Następnie wylewamy do naczynia wyłożonego folią i schładzamy. Gdy masa stwardnieje, wyjmujemy ją i kroimy na prostokąty.

Domowe toffi z makiem

Uwielbiam maślane ciastka. I świeży chleb z masłem. Tak po prostu. A nawet mleko z masłem, na kaszel. Masło sprawia, że każde danie rozpływa się w ustach. Dodane do słodyczy uzależnia. Cukierki toffi waniliowo-maślane. Pyszne...

Potrzebujemy:
400 ml niesłodzonego mleka skondensowanego z puszki
1 szklanki cukru
100 g masła
1 laski wanilii
2 łyżek maku

Masło rozpuszczamy w garnku o grubym dnie. Dodajemy wodę, cukier, mak oraz miąższ laski wanilii (trzeba ją przekroić wzdłuż i małym nożykiem zeskrobać czarne drobinki). Masę podgrzewamy i zagotowujemy, stale mieszając. Gdy zgęstnieje i zacznie ciemnieć (będzie beżowa), zestawiamy garnek z ognia, ale jeszcze kilka minut mieszamy, żeby toffi dobrze odparowało. Wylewamy do płytkiej foremki, studzimy, następnie dodatkowo schładzamy w lodówce. Po około 5 godzinach wykrawamy małe cukiereczki. Domowe toffi z makiem, małe pyszności.

Pałeczki migdałowe

Ciemna gorzka czekolada i jasne migdały. Pałeczki prezentują się bardzo ciekawie ułożone jedna przy drugiej na jasnym półmisku, którego brzegi możemy dodatkowo oprószyć kakao.
Słodkie, z chrupiącymi kawałkami wafli. Jak czekoladki z niespodzianką. Właściwie można z nich formować dowolne kształty, dlatego wykonanie tych pysznych smakołyków samo w sobie jest niezłą zabawą.

Potrzebujemy:
4–6 suchych wafli
60 g masła
75 g czekolady, najlepiej gorzkiej
6 łyżek płatków migdałów
1 lub 2 łyżek cukru pudru
1 łyżki mleka w proszku

W dzbankowym robocie kruszymy na drobne kawałki około 6 łyżek płatków migdałów i 2/3 z tej porcji przekładamy do innego naczynia. Do pozostałej masy wrzucamy pokruszone już częściowo wafle i miksujemy przez chwilę, żeby otrzymać drobne kawałki, ale nie pył. Liczba potrzebnych wafli zależy od ich wielkości. Najlepiej pokruszyć najpierw około 4 i dodawać – jeśli to będzie konieczne – kolejne kawałki tak, aby dało się formować pałeczki. Czekoladę rozdrabniamy na tarce (będzie łatwiej, jeśli wcześniej ją schłodzimy). Masę z migdałów i wafli łączymy z tartą czekoladą, lekko roztopionym masłem, cukrem i mlekiem w proszku. Formujemy małe pałeczki, które obtaczamy w pozostawionych na początku rozdrobnionych migdałach, i schładzamy. Są kruche i bardzo smaczne.

Wafle z nutellą lub masłem migdałowym

Wafle – romby, trójkąty. I nutella – klasycznie, po prostu. Jeśli korzystamy ze sprzedaży wysyłkowej lub bywamy w dobrze zaopatrzonym sklepie ze zdrową żywnością, te same wafle możemy przygotować z masłem migdałowym. Obie wersje są bardzo smaczne.

Potrzebujemy:
2 opakowań suchych, dużych wafli
1 słoiczka nutelli
1 słoiczka masła migdałowego
(dostępne w sklepach ze zdrową żywnością)

Duże wafle smarujemy nutellą lub masłem migdałowym (masło możemy dosłodzić miodem) i układamy jedne na drugich, aby otrzymać warstwę o grubości około 2 cm. Całość przykrywamy dużą tacą lub deską i dociskamy (najlepiej zostawić je tak na przynajmniej godzinę). Ważne, aby ciężar rozkładał się równomiernie, w przeciwnym razie wafle mogą popękać. Całość wstawiamy do lodówki na około godzinę. Wyjmujemy i kroimy bardzo ostrym nożem na mniejsze kawałki. Wafle nie powinny się już kruszyć, co pozwoli nam na wykrojenie małych prostokątów lub rombów.

Wafle rumowe

Aromat rumowy sprawia, że ciastko, wafel czy deser nabierają bardziej wykwintnego, odrobinę zakazanego charakteru. Zapach rumu pasuje do podwieczorku, na który zaprosimy przyjaciółki. Do tego mocna kawa w pięknej filiżance.

Potrzebujemy:
200 g mleka w proszku
3 łyżek kakao
120 g miękkiego masła
1 szklanki cukru
0,5 szklanki wody
kilku kropli aromatu rumowego
1 opakowania dużych, suchych wafli

Masło roztapiamy w garnku. Dolewamy do niego wodę i rozpuszczamy wymieszany cukier z kakao. Podgrzewamy prawie do wrzenia. Następnie studzimy. Do zupełnie zimnej masy dodajemy mleko w proszku. Mieszamy. Na końcu wlewamy kilka kropli aromatu rumowego. Wafle smarujemy masą i układamy kolejno około 6 warstw. Całość przykrywamy dużą tacą lub deską i dociskamy (najlepiej zostawić je z obciążeniem na przynajmniej godzinę). Ważne, aby ciężar rozkładał się równomiernie, w przeciwnym razie mogą popękać. Następnie wstawiamy je do lodówki na godzinę. Po wyjęciu kroimy bardzo ostrym nożem na mniejsze kawałki. Wafle po takim czasie nie będą się już kruszyć i bez problemu powinniśmy pokroić je na małe prostokąty lub romby.

Pralinki rafaello

Rafaello i pralinki... Delikatność, zwiewność, finezja. Pięknie prezentują się na białej paterze, delikatnie zdobionej, ustawionej na stoliku przykrytym szydełkowaną serwetą.

Potrzebujemy:
0,5 szklanki wody
0,5 szklanki cukru
200 g miękkiego masła
200 g mleka w proszku
300 g wiórków kokosowych (200 g do masy i 100 g do obtoczenia)
2 dużych zmielonych wafli
około 30 migdałów bez skórki

Zagotowujemy wodę z cukrem, cały czas mieszając. Gdy cukier dokładnie się rozpuści, studzimy. Dodajemy pozostałe składniki (wafle uprzednio mielimy w blenderze) – oprócz migdałów. Masę dokładnie mieszamy i wstawiamy na około 45 minut do lodówki. Po tym czasie wyjmujemy i lepimy z niej kulki wielkości orzecha włoskiego, wkładając do środka po migdale. Obtaczamy je we wiórkach i znowu schładzamy. Podajemy od razu po wyjęciu z lodówki.

Pralinki śmietankowo-malinowe

Śmietana i maliny – czyż może być wspanialsze połączenie? Krem, słodycz i delikatny kwasek zawarty w malinach. Malinowy mus...

Potrzebujemy:
150 g malin
1 łyżki cukru
1 łyżki miodu
1 łyżki nalewki malinowej
200 g białej czekolady
50 ml śmietanki kremówki (36%)
150 g gorzkiej czekolady
foremek na czekoladki

Maliny i cukier wsypujemy do małego garnuszka i zagotowujemy. Przecieramy przez sitko i do otrzymanej masy dodajemy nalewkę. Gotujemy, aż całość zgęstnieje i powstanie malinowy mus. W kąpieli wodnej rozpuszczamy białą czekoladę, śmietankę kremówkę i malinowe purée. Wszystko mieszamy i studzimy. W kąpieli wodnej roztapiamy gorzką czekoladę i lekko studzimy, by zgęstniała. Pędzelkiem umoczonym w roztopionej gorzkiej czekoladzie smarujemy dno i boki silikonowych foremek na czekoladki, po czym schładzamy je w lodówce. Gdy czekolada w foremkach stężeje, nakładamy nadzienie i „zamykamy" pralinki pozostałą, jeszcze dość płynną czekoladą. Schładzamy. Czekoladki właściwie same wyskakują z silikonowych foremek.

Szyszki ryżowe

Kiedyś takie szyszki można było kupić na straganie i schrupać z wielkim apetytem. Ten niezwykle szybki i prosty deser został trochę zapomniany, a przecież dzieci go po prostu uwielbiają.

Potrzebujemy:
300 g krówek (ciągutek)
2 paczek ryżu preparowanego
100 g masła

W garnuszku rozpuszczamy masło i dodajemy do niego krówki. Masę podgrzewamy powoli, cały czas mieszając, aż do rozpuszczenia się cukierków. Następnie wsypujemy ryż preparowany i całość dokładnie mieszamy. Z jeszcze ciepłej masy formujemy podłużne szyszki. Im bardziej gorąca jest masa, tym łatwiej się skleja. Szyszki odstawiamy do wystudzenia.

Trufle brigadeiros

Kiedy mamy ochotę na coś niewielkiego i pysznego, na dodatek o nie-co egzotycznej nazwie, możemy przygotować ten prosty brazylijski deser. Oryginalnie te kulki obtacza się w posypce czekoladowej, ale oczywiście można eksperymentować z cukrem pudrem, kakao, wiór-kami kokosowymi, mielonymi migdałami itp.

Potrzebujemy:
400 ml mleka skondensowanego z puszki
1 łyżki masła
3 łyżek kakao
1 opakowania posypki czekoladowej

W niewielkim garnuszku podgrzewamy mleko z masłem i przesianym kakao. Gotujemy tak długo, aż całość mocno zgęstnieje. Zdejmujemy z ognia i studzimy, aby masa jeszcze bardziej stężała i nadawała się do formowania. W razie potrzeby schładzamy ją jeszcze w lodówce. Ugniatamy i formujemy małe kulki, które obtaczamy w posypce cze-koladowej. Najlepiej delektować się nimi po schłodzeniu w lodówce.

Trufle ryżowe

Chyba każdy z nas lubi trufle. Wariacji na ich temat jest naprawdę dużo. Najlepiej smakują schłodzone, niewielkie. Te są dodatkowo bardzo łatwe do przygotowania. Mała przekąska na podwieczorek.

Potrzebujemy:
8 łyżek preparowanego ryżu
2 łyżek kakao
50 g masła
4 łyżek miodu

W garnuszku rozpuszczamy masło z kakao i miodem. Po uzyskaniu jednolitej masy dosypujemy ryżu. Jeśli masa okaże się zbyt sucha, możemy dodać masła, a jeśli zbyt kleista – preparowanego ryżu. Następnie formujemy niewielkie kulki i je schładzamy. Trufle podajemy w ładnych papilotkach z filiżanką mocnej, gorzkiej, czarnej herbaty.

Czekoladowe trufle bakaliowe z orzechów nerkowca

Trufle czekoladowe to klasyka. Pyszne, nieco wytrawne, eleganckie. Fantastycznie pachnące bakaliami. Obtoczone w migdałowym puchu.

Potrzebujemy:
1 szklanki orzechów nerkowca
1 szklanki pokrojonych daktyli
1 czubatej łyżki kakao
1 łyżki zmielonych migdałów
4 łyżek płynnego miodu

Orzechy nerkowca mielimy w mikserze dzbankowym prawie na mąkę. Dodajemy kakao i na 3 sekundy znów włączamy mikser (jeśli kakao wymiesza się dokładnie na tym etapie, to nie powstaną grudki). Dodajemy płynny miód oraz daktyle i znów wszystko miksujemy – najlepiej pulsacyjnie. Prawdopodobnie co jakiś czas będziecie musieli wyłączyć mikser i przemieszać trochę miazgę – zależy to od kształtu dzbanka i obrotów miksera. W razie czego możemy dodać łyżkę wody, ale nie więcej – masa musi być „twarda".

Dłońmi nasmarowanymi oliwą z oliwek formujemy małe kulki, obtaczamy je w mielonych migdałach i układamy na tackach. Wstawiamy na przynajmniej 2 godziny do lodówki lub na pół godziny do zamrażarki.

Trufle kokosowe

Kokosowe, delikatne, rozpływające się w ustach – jak rafaello. Idealne na letni, pogodny dzień. W leniwą niedzielę. Świetnie pasują do popołudniowej kawy.

Potrzebujemy:
250 g białej czekolady
0,5 szklanki śmietanki kremówki (min. 30%)
1 i 1/4 szklanki wiórków kokosowych
3 łyżek mleka w proszku
3 łyżek masła

W garnuszku podgrzewamy kremówkę i masło. Kiedy się połączą, wrzucamy połamaną na kawałki białą czekoladę. Masę przelewamy do miski. Dodajemy do niej wiórki kokosowe oraz mleko w proszku i mieszamy. Wkładamy do lodówki do stężenia. Formujemy kulki i obtaczamy je we wiórkach kokosowych. Złamana biel ze śnieżnobiałymi wiórkami – elegancki i wytworny deser. Trufle przechowujemy w lodówce. Podajemy w papilotkach na eleganckiej białej porcelanie.

Trufle z zieloną herbatą

Mieszanka czekolady i aromatycznej zielonej herbaty. To trufle dla prawdziwych koneserów smaku. Jednocześnie słodkie i wytrawne.

Potrzebujemy:
200 g białej czekolady
80 g gorzkiej czekolady
60 ml śmietanki kremówki (min. 30%)
3 płaskich łyżeczek zielonej herbaty, uprzednio zmiksowanej na pył
(można to zrobić w młynku do kawy lub bardzo starannie
ręcznie w moździerzu)

Śmietankę lekko podgrzewamy. Dodajemy do niej 1 łyżeczkę sproszkowanej herbaty i mieszamy, by nie było grudek. Zdejmujemy garnuszek z palnika. Wrzucamy rozkruszoną białą czekoladę i znowu wszystko mieszamy. Następnie wstawiamy garnuszek do kąpieli wodnej i podgrzewamy masę, mieszając ją od czasu do czasu, aż wszystkie składniki się rozpuszczą. Potem ją studzimy i chłodzimy w lodówce 2–3 godziny lub przez całą noc. Z chłodnej masy formujemy trufle wielkości orzecha włoskiego. Ponownie chłodzimy je w lodówce przez godzinę. Gorzką czekoladę roztapiamy w kąpieli wodnej. Każdą z kulek delikatnie zanurzamy w czekoladzie, tak by była obtoczona z każdej strony, i odkładamy na papier do pieczenia. Po zastygnięciu czekolady trufle oprószamy dodatkowo resztą herbaty, którą wcześniej zmiksowaliśmy na pył. Podajemy schłodzone.

Kokosanki z suszoną żurawiną i limonką

Kruche, delikatne ciasteczka o silnym smaku kokosa przełamane kwaskowatym posmakiem limonki. Do tego suszone owoce żurawiny – idealna przekąska na letnie dni.

Potrzebujemy:
białek z 2 jajek
100 g cukru pudru
50 g suszonej żurawiny
50 g masy marcepanowej
4 łyżeczek rumu
100 g wiórków kokosowych
szczypty soli
1 tabliczki białej czekolady
utartej skórki z 1 limonki

Białka ubijamy na sztywno ze szczyptą soli. Dodajemy do nich cukier (w trzech porcjach) i dalej ubijamy, aż całość stanie się słodka i błyszcząca. W osobnej misce ucieramy masę marcepanową (można ją kupić w każdym dobrze zaopatrzonym sklepie spożywczym) z rumem, wsypujemy wiórki kokosowe i suszone owoce żurawiny. Następnie całość dodajemy do ubitych białek i delikatnie, dokładnie mieszamy. Na blachę wyłożoną papierem do pieczenia nakładamy kleksy masy kokosowej (wielkości orzecha włoskiego) i pieczemy je 20–25 minut w temperaturze 170°C. Powinny się ładnie zrumienić.

Cake pops czekoladowe

Cake pops, czyli ciastka na patyczkach. Kolorowe cuda z pokruszonych ciastek połączonych kremem. Istnieje niezliczona ilość wariacji na ich temat. Najbardziej klasyczne połączenie to uwielbiane przez dzieci i dorosłych czekoladowe *cake pops* w kolorowej posypce.

Potrzebujemy:
200 g pokruszonych herbatników lub innych ciastek
60 g serka mascarpone
25 g rozpuszczonej czekolady (np. z 53% kakao)
30 g masła
0,5 łyżeczki cukru waniliowego
1 łyżeczkę armaniaku, rumu lub likieru wiśniowego do smaku
(opcjonalnie)

Na polewę
200 g czekolady
2 łyżek masła
posypki w różnych kolorach

Herbatniki kruszymy bardzo drobno (najlepiej w mikserze). Do miękkiego masła dodajemy serek mascarpone i mieszamy z ciasteczkowymi okruchami. Do masy wlewamy rozpuszczoną czekoladę, dodajemy cukier waniliowy i alkohol (opcjonalnie). Masę starannie mieszamy i formujemy z niej kulki wielkości orzecha włoskiego. Kulki wbijamy na patyczki i schładzamy w lodówce (lub krócej w zamrażalniku). Z podgrzanej czekolady i masła przygotowujemy polewę. Schłodzone kulki zanurzamy w przestudzonej polewie. Dekorujemy według uznania – kolorowymi posypkami czy wiórkami. Każdy patyczek możemy dodatkowo przyozdobić kolorową wstążeczką.

Lizaki tradycyjne

W każdej cukierni, moim zdaniem, powinny być klasyczne, kolorowe lizaki dla dzieci. Pięknie wyglądają na grubych patyczkach w dużych słojach, ustawione na lśniącej, dębowej ladzie. Kolorowe i optymistyczne.

Potrzebujemy:
1 szklanki cukru
1/3 szklanki dowolnego gęstego i słodkiego syropu, np. klonowego lub tzw. *golden syrup* (oba syropy możemy kupić w każdym dobrze zaopatrzonym sklepie spożywczym)
1/3 szklanki wody
2 kropli aromatu śmietankowego
kilku kropli barwnika spożywczego
termometru cukierniczego (niezbędny!)

Cukier, syrop i wodę gotujemy na średnim ogniu w garnku o grubym dnie – mieszając od czasu do czasu – tak długo, aż syrop osiągnie temperaturę 143°C (mierzymy ją termometrem cukierniczym, dostępnym np. w sprzedaży wysyłkowej – ten termometr jest konieczny do przygotowywania lizaków, warto się w niego zaopatrzyć). Po zdjęciu z ognia masę natychmiast studzimy, wkładając garnek do większego naczynia z zimną wodą. Wlewamy aromat oraz barwnik i mieszamy. Na wysmarowanej olejem blasze z kolorowej masy formujemy małe kółka. Wciskamy do nich patyczek, przytwierdzając go dodatkowo kropelką syropu, i zostawiamy do zakrzepnięcia na kilka godzin. Odklejamy i zachwycamy się pięknymi, kolorowymi lizakami.

Żelki owocowe

Czy znacie kogoś, kto nie lubi żelków „Haribo"? A co powiecie na to, że domowe żelki są jeszcze bardziej owocowe i cudownie pachną? Świetna przekąska zamiast gotowych cukierków.

Potrzebujemy:
0,5 kg owoców (jagody, truskawki, gruszki)
3/4 szklanki cukru
0,5 szklanki wody
3 płaskich łyżek żelatyny
2 łyżek soku z cytryny
oleju do wysmarowania formy

Owoce myjemy. Gruszki obieramy, wykrawamy z nich gniazda nasienne i kroimy na kawałki. Wrzucamy razem z pozostałymi owocami do garnka i dodajemy wodę. Doprowadzamy do wrzenia, następnie już na małym ogniu podgrzewamy całość maksymalnie 10 minut, stale mieszając, żeby owoce nie przywarły do dna garnka. Owoce muszą się zupełnie rozgotować. Dodajemy cukier oraz żelatynę namoczoną w minimalnej ilości wody. Całość starannie mieszamy i znów podgrzewamy. Kiedy większość wody odparuje, a zawartość garnka zacznie gęstnieć, dodajemy sok z cytryny. Masę podgrzewamy jeszcze 4–5 minut. Idealnie byłoby mieć małe foremki nadające kształt misiów, jak znane nam wszystkim gotowe smakołyki. Można jednak użyć jakichkolwiek foremek lub po prostu rozprowadzić masę w płaskim naczyniu wysmarowanym olejem, a kiedy ostygnie (odstawiamy na przynajmniej 10 godzin), pokroić ją na kawałeczki lub wyciąć dowolne kształty foremkami.

Karmelki solone

Idealne połączenie – cukier i sól. Karmelową słodycz cukierków przełamują kryształki soli morskiej, przez co całość ma niezapomniany, wyrafinowany smak.

Potrzebujemy:
1 szklanki śmietanki kremówki (min. 30%)
0,5 łyżeczki soli
1 laski wanilii
4 łyżek masła
1 szklanki cukru
0,5 szklanki syropu klonowego lub złocistego tzw. *golden syrup*
termometru cukierniczego

Do rondelka wlewamy śmietankę i dodajemy 2 łyżki masła. Całość podgrzewamy, aż masło się roztopi, wtedy wsypujemy sól i miąższ z la-

ski wanilii. Rondelek odstawiamy z ognia. W międzyczasie przygotowujemy niewielką prostokątną formę i wykładamy ją folią. W drugim
rondelku gotujemy syrop i cukier tak długo, aż osiągną temperaturę
155°C (do mierzenia temperatury przyda nam się termometr cukier-
niczy, który najłatwiej kupić w sprzedaży wysyłkowej). Wtedy zdejmujemy syrop z ognia i dodajemy do niego śmietankę z masłem. Całość
mieszamy i ponownie podgrzewamy, aby uzyskać temperaturę 127°C.
Po zdjęciu z ognia dodajemy 2 kolejne łyżki masła. Całość dobrze
mieszamy. Przelewamy masę na karmelki do przygotowanej formy,
wyrównujemy powierzchnię i odstawiamy do lodówki na 20 minut. Po
schłodzeniu wyjmujemy z formy i kroimy na małe kwadraty.

Cukierki ziołowe

Macie ochotę na coś orzeźwiającego? Cukierki ziołowe – tak często
goszczą w torebkach szanujących się starszych pań. Na wszelki wypa-
dek. Pachną letnią łąką i słońcem.

Potrzebujemy:
2 łyżek soku z cytryny
1,5 szklanki cukru
2 łyżek miodu, najlepiej gryczanego
(ma specyficzny smak, który świetnie pasuje do ziół)
5 łyżeczek różnych ziół: tymianku, kopru włoskiego, melisy
(jeśli lubimy szczególnie jakiś smak,
możemy użyć jednego wybranego zioła, np. mięty czy rumianku)

Zioła zaparzamy w 0,5 szklanki wody. Kiedy się dobrze zaparzą, odcedzamy. W małym garnku w wywarze z ziół roztapiamy cukier, dodajemy miód i sok z cytryny. Podgrzewamy na małym ogniu, często
mieszając, 30–40 minut. Masa musi być gęsta. Wlewamy ją do małych
foremek, np. do robienia kostek lodu. Nie zawsze udaje się idealnie
utrafić z konsystencją, żeby stały się twarde. Gdyby pozostały zbyt
miękkie, można je zamrozić i jeść jako cukierki lodowe.

Batoniki karmelowe z płatkami kukurydzianymi

Jeśli batoniki „Mars" wydają się wam zbyt słodkie, mam na to sposób!
Wystarczy wymieszać rozpuszczone „Marsy" z niesłodzonymi płatkami kukurydzianymi. Otrzymacie świetne, chrupiące batony, które za-
smakują każdemu.

Potrzebujemy:
7 batonów „Mars"
200 ml śmietanki kremówki (min. 30%)
3–4 szklanek płatków kukurydzianych

Batony „Mars" kroimy na małe kawałki i wrzucamy do garnka. Wlewamy do nich śmietankę i podgrzewamy do uzyskania jednolitej masy.
Dodajemy tyle płatków kukurydzianych, aby całość miała odpowied-
nią konsystencję i było łatwo formować z niej minibatoniki. Przygotowane batoniki studzimy. Przechowujemy w lodówce.

Galaretki truskawkowe w cukrze

Kiedyś takie pomarańczowe i cytrynowe półksiężyce kupowało się na wagę w sklepach ze słodyczami. Domowe galaretki są wspomnieniem tamtych czasów. Mogą mieć różny smak, w zależności od naszych upodobań i owoców, które akurat mamy pod ręką.

Potrzebujemy:
500 g truskawek (świeżych lub zamrożonych)
2 łyżek soku z cytryny
0,5 szklanki cukru
0,5 szklanki gorącej wody
25 g żelatyny

Truskawki miksujemy z sokiem z cytryny. Przelewamy do garnuszka i dodajemy cukier. Gotujemy, aż cukier się rozpuści. Żelatynę rozpuszczamy w gorącej wodzie. Po rozpuszczeniu wlewamy do truskawkowego purée. Całość lekko studzimy. Kwadratową formę wykładamy folią i przelewamy do niej przygotowaną masę. Chłodzimy w lodówce. Po wyjęciu z formy masę kroimy na małe kwadraty. Każdy z nich obtaczamy w cukrze. Galaretki przechowujemy w lodówce.

Galaretki cytrynowe w wiórkach kokosowych

Sprawdzaliście kiedyś, czy przez plaster galaretki można coś zobaczyć? Czy świat będzie miał jej kolor? Tym razem będzie żółty, bardzo słoneczny.

Potrzebujemy:
3 obranych cytryn
1 szklanki cukru
0,5 szklanki gorącej wody
25 g żelatyny
1 opakowania wiórków kokosowych

Cytryny (najlepiej obrane nie tylko ze skórki, lecz także z białej błonki) miksujemy. Przekładamy do garnuszka i dodajemy cukier. Gotujemy, aż cukier się rozpuści. Jeśli masa okaże się zbyt kwaśna, możemy dodać jeszcze trochę cukru. Żelatynę rozpuszczamy w gorącej wodzie, a następnie wlewamy do cytrynowego pureé. Całość lekko studzimy. Kwadratową formę wykładamy folią i przelewamy do niej przygotowaną masę. Chłodzimy w lodówce. Po wyjęciu z formy masę kroimy na małe kwadraty. Każdy z nich obtaczamy w wiórkach kokosowych. Galaretki przechowujemy w lodówce.

Nugat pistacjowy

Świetna przekąska na wszelkiego rodzaju pikniki, wycieczki rowerowe lub wypady do lasu. Domowej roboty batoniki nugatowe z całą masą bakalii. Moje ulubione to pistacjowe z solonymi orzeszkami.

Potrzebujemy:
300 g cukru
1 laski wanilii
150 g płynnego miodu
białek z 4 jajek (odstanych w temperaturze pokojowej)
250 g solonych orzeszków pistacjowych
około 70 g mieszanki kandyzowanych skórek pomarańczowych
i cytrynowych
150 ml wody
2 dużych wafli
termometru cukierniczego

Pistacje siekamy i suszymy lekko w piekarniku (przez 8 minut w temperaturze 170°C). W garnku gotujemy cukier z wanilią. Gdy syrop osiągnie temperaturę 120°C, wlewamy miód i całość gotujemy do uzyskania temperatury 137°C. Białka ubijamy na sztywną pianę. Dodajemy do nich syrop z cukru i miodu. Całość dokładnie mieszamy i gotujemy na parze, ubijając, aż masa zgęstnieje i zacznie się „rwać". Wtedy wyjmujemy garnek z kąpieli wodnej i dalej ubijając, czekamy, aż masa lekko ostygnie. Po pewnym czasie dodajemy pistacje oraz kandyzowaną skórkę. Po wymieszaniu ciepłą masę wykładamy na wafel i przykrywamy drugim waflem. Owijamy je w folię spożywczą i przyciskamy deską do krojenia. Odstawiamy do lodówki na noc. Następnego dnia kroimy nożem na małe kwadraty.

Kokosanki w czekoladzie

Przepyszne kokosowe ciasteczka zanurzone w gorzkiej czekoladzie. Smakują wybornie do popołudniowej kawy, przy ploteczkach z przyjaciółką.

Potrzebujemy:
2 dużych jajek
1 laski wanilii
szczypty soli
1 szklanki cukru
3 szklanek wiórków kokosowych
125 g gorzkiej czekolady
1 łyżeczki masła

Białka ubijamy, dodajemy do nich sól i wanilię. Po chwili wsypujemy cukier i nadal ubijamy. Na koniec dodajemy wiórki. Przemieszaną masę nabieramy łyżką i układamy na blasze wyłożonej pergaminem. Pieczemy na złoty kolor przez 15–18 minut w temperaturze 180°C. Po upieczeniu studzimy na kratce. Czekoladę rozpuszczamy z masłem w kąpieli wodnej. Ostudzone ciasteczka zanurzamy spodem w czekoladzie i układamy czekoladowym spodem do dołu. Następnie czekamy, aż masa zastygnie.

Ciasteczka z kleiku ryżowego z konfiturą z czarnej porzeczki

Małe ciasteczka z kleiku ryżowego, z zagłębieniem na dżem. Moim zdaniem najpyszniejsze są z konfiturą z czarnej porzeczki.

Potrzebujemy:
1 opakowania kleiku ryżowego (190 g)
3 jajek
150 g masła (miękkiego, ewentualnie margaryny)
1 płaskiej łyżeczki proszku do pieczenia
0,5 szklanki cukru
1 cukru waniliowego
3 łyżek wiórków kokosowych
1 słoiczka konfitury z czarnej porzeczki

Wszystkie składniki mieszamy (dobrze jest najpierw połączyć suche składniki). Z wyrobionego ciasta odrywamy małe kawałki. Formujemy z nich krążki o podstawie wielkości dwuzłotówki i grubości około 0,5 cm. W każdym krążku robimy palcem zagłębienie i układamy je na papierze do pieczenia. Pieczemy w temperaturze 180°C około 15 minut (w zależności od obiegu powietrza). Wyjmujemy, kiedy zaczną się rumienić. W zagłębieniach układamy po odrobinie konfitury z czarnej porzeczki.

Kokosanki z kleiku ryżowego

Potrzebujemy:
1 opakowania kleiku ryżowego (190 g)
3 jajek
200 g masła (miękkiego, ewentualnie margaryny)
1 płaskiej łyżeczki proszku do pieczenia
0,5 szklanki cukru
1 cukru waniliowego
około 200 g wiórków kokosowych

Wszystkie składniki mieszamy (dobrze jest najpierw połączyć suche składniki). Wiórków kokosowych możemy dodać więcej, byleby ciasto wciąż dawało się zlepić. Z wyrobionego ciasta odrywamy małe kawałki, wielkości orzecha włoskiego, i formujemy stożki o podstawie wielkości pięciozłotówki. Układamy je na papierze do pieczenia i pieczemy w temperaturze 180°C przez około 15 minut (w zależności od obiegu powietrza). Wyjmujemy, kiedy zaczną się rumienić.

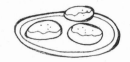

Truskawki i inne owoce w czekoladzie z cynamonem

Owoce w czekoladzie! Cudownie słodkie, trochę kwaskowe, pięknie prezentują się jako południowa, letnia przekąska. Doskonale wyglądają i zaskakują na wykwintnym przyjęciu.

Potrzebujemy:
1 tabliczki gorzkiej czekolady
3 łyżek masła
2 łyżek cukru
świeżych, drobnych owoców bez pestek, np. truskawek

Czekoladę, masło i cukier podgrzewamy, aby się połączyły. Masa powinna być na tyle gęsta, żeby można w niej zanurzyć owoce, ale też taka, aby nie tworzyła na nich zbyt grubej warstwy. Owoce myjemy i obieramy z szypułek, a następnie suszymy i schładzamy w lodówce (wtedy czekolada szybciej na nich stężeje i nie spłynie). Po wyjęciu kolejno nakłuwamy na patyczki, zanurzamy w masie czekoladowej i odkładamy na talerz wyłożony folią aluminiową lub pergaminem. Schładzamy w lodówce lub zamrażarce przez około 15 minut. Podajemy w ładnych papilotkach.

Daktyle w czekoladzie z kardamonem

Idealna przekąska na jesienną kolację we dwoje. Kardamon, czekolada i suszone owoce… Najlepszy afrodyzjak.

Potrzebujemy:
1 tabliczki gorzkiej czekolady
3 łyżek masła
2 łyżek cukru
1 opakowania suszonych daktyli bez pestek
szczypty kardamonu

Czekoladę, masło i cukier podgrzewamy, aby się połączyły. Masa powinna być na tyle gęsta, żeby można w niej zanurzyć owoce, ale też taka, aby nie tworzyła na nich zbyt grubej warstwy. Daktyle kolejno nakłuwamy na patyczki, zanurzamy w masie czekoladowej i odkładamy na talerz wyłożony folią aluminiową lub pergaminem. Schładzamy w lodówce lub zamrażarce przez około 15 minut.

Czekoladki z kokosem

Absolutnie doskonała receptura na czekoladki, które dosłownie rozpływają się w ustach.

Potrzebujemy:
50 g masła
2 czubatych łyżek miodu (raczej gęstego niż płynnego)
3/4 szklanki kakao
3–4 łyżek wiórków kokosowych

Do małego rondelka wkładamy masło i miód i całość podgrzewamy, aż powstanie jednolita masa, do której dosypujemy przesiane przez gęste sito kakao. Na końcu dodajemy wiórki kokosowe. Masę wykładamy łyżką do małych foremek silikonowych lub papierowych (najmniejsze papilotki, najlepiej składane po dwie sztuki). Przez godzinę schładzamy w lodówce lub zamrażarce. Choć po wyjęciu z lodówki czekoladki nie rozpłyną się, najlepiej przechowywać je w lodówce.

Doskonała czekolada z żurawiną

Domowa czekolada z suszoną żurawiną. Wygląda świetnie, smakuje jeszcze lepiej. Do jej przygotowania potrzebujemy oleju kokosowego, dostępnego w sklepach ze zdrową żywnością i w sprzedaży wysyłkowej. Warto spróbować.

Potrzebujemy:
100 g oleju kokosowego
2 czubatych łyżek miodu (raczej gęstego niż płynnego)
3/4 szklanki kakao
1 małego opakowania żurawiny suszonej

Urządzamy naszym składnikom kąpiel, czyli w małym rondelku umieszczamy olej i miód i tenże garnek wstawiamy do większego, do którego wlewamy wodę. Całość podgrzewamy. Mieszamy olej i miód – olej musi się stać zupełnie płynny, ale połączenie obu składników w idealnie gładką masę nie jest konieczne. Mieszając, dosypujemy przesiane przez gęste sito kakao. Gotową masę wlewamy do foremek i wrzucamy do nich żurawinę (ładnie wygląda uformowana w dużą tabliczkę). Czekolady schładzamy w lodówce lub zamrażarce przez godzinę. Choć po wyjęciu z lodówki nie rozpłyną się, najlepiej przechowywać je w lodówce.

Podana ilość składników wystarczy na przygotowanie 3 tabliczek o wymiarze 6 cm × 13 cm. Korytka do czekolady można zrobić z papieru do pieczenia (narożniki spinamy np. spinaczami na takiej wysokości, aby nie stały się integralną częścią czekolady), można też użyć silikonowych foremek o różnych kształtach. Z masy można też ułożyć kwiaty lub inne wzory, dzięki czemu nasza domowa czekolada stanie się małym, artystycznym dziełem.

Sandesz

Hinduski specjał. Pyszne, małe twarogowe kulki czekoladowe w kokosowej otoczce.

Potrzebujemy:
440 g sera „Capri"
(twarożek typu włoskiego, dostępny w każdym dużym markecie)
180–200 g cukru pudru
1 cukru waniliowego
3 czubatych łyżek kakao
1 opakowania wiórków kokosowych

Ser odciskamy z nadmiaru wody, blendujemy lub przecieramy przez sito, żeby pozbyć się grudek. Kakao, cukier i cukier waniliowy mieszamy (dzięki temu z kakao nie zrobią się grudki) i wrzucamy do twarogu. Całość wyrabiamy starannie dłonią na gładką masę. Formujemy małe kulki (o średnicy dwuzłotówki) i obtaczamy je w wiórkach kokosowych. Odstawiamy do lodówki na 1–2 godziny.

Rumowy sandesz z kardamonem

Czyli sandesz w wersji dla dorosłych, lubiących wyraziste smaki.

Potrzebujemy:
440 g sera „Capri"
(twarożek typu włoskiego, dostępny w każdym dużym markecie)
180–200 g cukru pudru
1 cukru waniliowego
kilku kropli aromatu rumowego
0,5 łyżeczki kardamonu
3 czubatych łyżek kakao
1 opakowania wiórków kokosowych

Ser bardzo starannie odciskamy z nadmiaru wody, blendujemy lub przecieramy przez sito, żeby pozbyć się grudek. Kakao, cukier, cukier waniliowy i kardamon mieszamy (dzięki temu z kakao nie zrobią się grudki) i wrzucamy do twarogu. Dodajemy aromat rumowy i całość starannie wyrabiamy dłonią na gładką masę. Możemy sprawdzić, czy ilość aromatu rumowego jest dla nas wystarczająca, jeśli nie – dodajemy jeszcze kilka kropelek. Formujemy małe kulki (o średnicy dwu-złotówki) i obtaczamy je w wiórkach kokosowych. Odstawiamy do lodówki na 1–2 godziny.

Kakaowe kule z rodzynkami

Lubicie rodzynki w czekoladzie? Nieco inna ich wersja to kakaowe kule o rodzynkowym smaku, obtoczone w kokosowych wiórkach.

Potrzebujemy:
1 szklanki orzechów nerkowca
1 szklanki rodzynek
1 czubatej łyżki kakao
1 łyżki wiórków kokosowych
1–2 łyżek miodu

Orzechy nerkowca mielimy w mikserze dzbankowym prawie na mąkę. Dodajemy kakao i na 3 sekundy znów włączamy mikser. Dodajemy miód oraz rodzynki i miksujemy – najlepiej pulsacyjnie. Gdyby masa była zbyt gęsta, możemy dodać łyżkę dobrej oliwy i 1–2 łyżki wody, ale nie więcej – masa musi być „twarda".

Dłońmi nasmarowanymi oliwą z oliwek formujemy małe kulki, obtaczamy je w wiórkach kokosowych i układamy na tackach. Wstawiamy na przynajmniej 2 godziny do lodówki lub na pół godziny do zamrażarki.

Jogurtowe cukierki lodowe

Zdrowe, jogurtowo-owocowe. I pyszne.

Potrzebujemy:
1 opakowania dowolnego jogurtu owocowego
świeżych owoców, które uda się pokroić na bardzo małe cząstki
(mogą też być drobne kawałki suszonych truskawek)

❧

Najprostszy i jednocześnie uwielbiany przez dzieci rarytas. Do jogurtu dodajemy drobno pokrojone świeże owoce. Masę nakładamy do foremek, np. silikonowych, do bardzo małych wyrobów (np. małych kostek lodu) i wstawiamy do zamrażarki na około 2 godziny. Jeśli nie mamy foremek, możemy na tacce rozłożyć folię spożywczą i na niej zrobić małe kleksy z jogurtu, a następnie je zamrozić.

Semifreddo z mango i limonki

Semifreddo, czyli „średnio zimny", to tradycyjny włoski deser lodowy. Idealny zwłaszcza dla tych, którzy nie mają maszyny do robienia lodów, a marzą im się schłodzone, zamrożone desery. Jak np. ten z mango, brzoskwinią i limonką, polany sosem toffi i posypany prażonymi migdałami, borówkami, porzeczkami...

Potrzebujemy:
2 żółtek
1 jajka

70 g cukru
1 mango
4 brzoskwiń
soku z 1 limonki
250 ml śmietanki kremówki (36%)
50 ml słodzonego mleka skondensowanego

Jajko ubijamy z żółtkami i cukrem. Kiedy powstanie gęsta, jednolita masa, na kuchence ustawiamy średniej wielkości garnek i zagotowujemy w nim wodę. Kiedy woda jest gorąca, trzymamy nad garnkiem miseczkę z ubitymi jajkami i ubijamy je jeszcze przez 3–4 minuty – pod wpływem ciepła masa powinna podwoić swoją objętość. Następnie obieramy mango i brzoskwinie i miksujemy miąższ. Dodajemy do niego sok z limonki oraz masę żółtkową. Śmietankę kremówkę ubijamy z mlekiem skondensowanym i dodajemy do owocowej masy. Całość wylewamy do wyłożonej folią spożywczą keksówki (o długości 20–25 cm), zakrywamy folią i wstawiamy do zamrażalnika, najlepiej na noc. Deser możemy podać polany sosem toffi i posypany prażonymi migdałami, borówkami (jagodami) oraz porzeczkami.

Truskawkowe tiramisu

Owocowa odmiana tiramisu. Delikatna i orzeźwiająca. Na bazie serka ho-mogenizowanego, z dodatkiem świeżych truskawek i odrobiny nalewki.

Potrzebujemy:
250 g serka homogenizowanego
150 g serka mascarpone
100 ml słodzonego mleka skondensowanego
1 jajka
biszkoptów
truskawek
soku truskawkowego lub nalewki malinowej

Serki ucieramy z mlekiem skondensowanym oraz żółtkiem. Osobno ubijamy białko i dodajemy do masy. Na spodzie szklanego naczynia układamy biszkopty nasączone sokiem lub nalewką. Następnie nakła-damy warstwę masy serowej i pokrojone na plasterki truskawki. I zno-wu – biszkopt, masa serowa i na wierzch truskawki. Liczba warstw zależy od wielkości naczynia. Na koniec truskawki możemy udekoro-wać czekoladową lub cukrową posypką – ale to też opcjonalnie. Całość wkładamy na 3–4 godziny do lodówki. Serwujemy w maleńkich szkla-nych pojemniczkach, szklankach lub słoiczkach.

Mus czekoladowy z awokado i suszonymi morelami

Bardzo, ale to bardzo zdrowy deser. Przy tym niezwykle kuszący. Doskonale się prezentuje w smukłych pucharkach lub kieliszkach.

Potrzebujemy:
1 mniejszego awokado (bez pestki oraz skórki, około 130 g)
1 średniego banana (bez skóry)
2 łyżek kakao (20 g)
3 łyżek miodu
1 laski wanilii
szczypty cynamonu
suszonych moreli

Wszystkie składniki (poza morelami) miksujemy na gładką, jednolitą masę. Jeśli będzie zbyt gęsta (nie da się jej miksować), to możemy dodać łyżeczkę wody. Mus nakładamy do pucharków, obficie posypujemy drobno posiekanymi suszonymi morelami i szczyptą cynamonu.

Mus czekoladowy z gruszką rumową

Wersja musu dla dorosłych smakoszy, którzy lubią dość ciężkie i wyraziste aromaty. Te jednak nie przytłoczą lekkiego musu.

Potrzebujemy:
0,5 awokado (bez pestki oraz skórki, około 130 g)
1,5 średniego banana (bez skóry)
2 łyżek kakao (20 g)
3 łyżek miodu
1 laski wanilii
2 gruszek
0,5 szklanki rumu

Wszystkie składniki (poza gruszkami i rumem) miksujemy na gładką, jednolitą masę. Jeśli masa będzie zbyt gęsta (nie da się jej miksować), to możemy dodać łyżeczkę wody. Nakładamy ją do pucharków.
Gruszki obieramy, kroimy na ósemki, układamy płasko na dnie garnka i zalewamy rumem. Podgrzewamy około 10 minut na mocnym ogniu, żeby alkohol częściowo odparował. Kawałki gruszek studzimy i układamy w pucharkach z musem czekoladowym.

Suszone śliwki w winie

Smakują wybornie jako zimowa przegryzka, ale stanowią też idealny dodatek do mięs. Słodkie, kalifornijskie śliwki skąpane w słodkim winie, z dodatkiem cytrusów i cynamonu. Poezja smaku.

Potrzebujemy:
600 g suszonych śliwek kalifornijskich
5 goździków
szczypty pieprzu
1 listka laurowego
1 łyżeczki cynamonu
40 g cukru pudru
300 ml wody
375 ml słodkiego czerwonego wina
skórki z 1 cytryny oraz skórki z 1 pomarańczy

Zagotowujemy wino z wodą, cukrem, skórkami owocowymi i przyprawami. Po zagotowaniu dodajemy śliwki i dalej gotujemy około 15 minut. Wyjmujemy śliwki i układamy w słoiczkach. Zalewamy gorącym winem, zakręcamy i odwracamy słoiki na chwilę do góry dnem.

Suszona śliwka pieczona w budyniu dyniowym z orzechami

Wspaniale wygląda, jeśli pojedyncze porcje pieczemy w małych kamionkach. Swojsko, wiejsko, pysznie.

Potrzebujemy:
200 ml mleka
1 jajka
35 g mąki pszennej
30 g cukru pudru
6 suszonych śliwek
50 g dyni startej na drobnych oczkach (waga startej porcji)
2–3 łyżek rozdrobnionych orzechów włoskich
cukru pudru i/lub miodu gryczanego (do polania)

Śliwki zalewamy na kilka minut wrzątkiem, żeby zmiękły. Mleko, jajko, a także przesianą mąkę i cukier miksujemy, aż pojawi się pianka. Dodajemy startą na drobnych oczkach dynię. Mieszamy. Ciasto wlewamy do naczyń żaroodpornych lub kokilek. Do każdej porcji dodajemy 1–2 śliwki. Całość posypujemy orzechami włoskimi. Pieczemy 25–30 minut w temperaturze 190°C. Jeśli wierzch się zrumieni, musimy zmniejszyć temperaturę.

Podajemy od razu, jeszcze gorące, posypane cukrem pudrem lub polane delikatnie płynnym miodem gryczanym.

Banany zapiekane z orzechami

Macie ochotę na egzotykę? Proszę bardzo! Ten deser pochodzi z Afryki. Owoce, gałka muszkatołowa, do tego aromat cynamonu i kokosu. Jeśli tak smakuje Afryka, to chcę tam być!

Potrzebujemy:
7 bananów
1/3 szklanki posiekanych orzechów (nerkowce i włoskie)
2–3 łyżek wiórków kokosowych
1 łyżeczki mielonego cynamonu
0,5 łyżeczki gałki muszkatołowej
0,5 szklanki soku z pomarańczy
(można dodać jeszcze coś mocniejszego, np. kilka łyżek rumu)
2–3 łyżeczek brązowego cukru
1 łyżki masła

Banany kroimy w plastry, układamy w naczyniu żaroodpornym, polewamy sosem z soku i rumu, posypujemy zmieszanymi suchymi składnikami. Na wierzchu kładziemy jeszcze kawałki masła i wkładamy całość do piekarnika rozgrzanego do temperatury 200°C na 15–20 minut.

Puchar owocowy z imbirową nutą

Lekki, orzeźwiający deser. Przełamany smakiem kwaskowatych owoców. Do tego lekko pikantny imbir.

Potrzebujemy:
0,5 kg truskawek
1 dojrzałego mango (mogą być inne owoce)
szczypty cynamonu
odrobiny świeżego startego imbiru
2 łyżek miodu
1 jogurtu naturalnego

Do jogurtu dodajemy miód, cynamon i imbir i całość mieszamy. Truskawki blendujemy na mus. Jeśli jest za kwaśny, możemy go dosłodzić, np. miodem. Dojrzałe, soczyste mango kroimy w kostkę. Układamy warstwami w pucharach (nakładamy łyżką): mus z truskawek – kostki mango – jogurt – truskawki – mango. Pięknie wygląda, oryginalnie smakuje.

Szerbet pomarańczowy

Oryginalne, włoskie szerbety to nic innego jak sorbety. Dodajemy do nich śmietanę lub gęsty serek mascarpone. Wytrawne, niezbyt słodkie, zdobyły moje serce.

Potrzebujemy:
2 szklanek soku z pomarańczy
2 łyżek serka mascarpone
kandyzowanej skórki pomarańczowej
1 świeżej filetowanej pomarańczy

Samodzielnie wyciśnięty sok z kawałkami miąższu pomarańczy miksujemy w blenderze z serkiem. Masę przelewamy do naczynia i wstawiamy do zamrażarki. Mieszamy ją najpierw po około 20 minutach, potem jeszcze raz po kolejnych 15–20 minutach. Chodzi o to, aby powstał gęsty, zmrożony krem, a nie twardy kamień. W sumie nasz deser mrozimy przez 2 godziny. Podajemy z kandyzowaną skórką pomarańczową i filetowaną świeżą pomarańczą.

Wytrawny mus z melona z nutką imbiru

Kolejne zaskakujące połączenie smaków i aromatów w deserze, którego przygotowanie jest banalnie proste.

Potrzebujemy:
0,5 melona
0,5 limonki
odrobiny startego imbiru
płynnego miodu

Melona obieramy, wyjmujemy łyżką pestki, kroimy na kawałki i blendujemy wraz z sokiem z limonki i odrobiną drobno startego imbiru (maksymalnie 1/4 łyżeczki). Dosładzamy według upodobań, choć deser jest właśnie najlepszy w wersji mało słodkiej, ewentualnie z dodatkiem płynnego miodu.

Granita mango

Włoski, cudowny, orzeźwiający deser mrożony. Idealny jako alternatywa dla ciężkich lodów.

Potrzebujemy:
2 dojrzałych mango
3 woreczków z lodem
1/4 szklanki silnego naparu z zielonej herbaty (zimnego)
soku z 1 małej limonki
2 łyżek miodu
szczypty kardamonu

Mango obieramy i blendujemy na gładki mus, do którego dodajemy sok z limonki i miód. Lód kruszymy w robocie dzbankowym na lodową „kaszę". Łączymy go z musem z mango oraz esencją z herbaty. Podajemy ze szczyptą kardamonu w eleganckich szklanych pucharkach.

Jagodowa panna cotta

Delikatny, świeży deser na lato i upalne dni. Schłodzona *panna cotta* ze zmiksowanymi jagodami i odrobiną cytryny z pewnością idealnie nas ochłodzi.

Potrzebujemy:
200 g jagód
świeżo wyciśniętego soku z 1 cytryny
70 g cukru trzcinowego
300 ml śmietanki kremówki (min. 30%)
100 ml mleka
3 łyżeczek żelatyny w proszku
60 ml gorącej wody

Jagody, sok z cytryny oraz cukier dokładnie miksujemy. Żelatynę rozpuszczamy w gorącej wodzie. Do garnuszka wlewamy śmietankę kremówkę, mleko i doprowadzamy do wrzenia. Odstawiamy. Dodajemy mus jagodowy, rozpuszczoną żelatynę i dokładnie mieszamy. Studzimy w temperaturze pokojowej. Przelewamy do szklanych salaterek i chłodzimy w lodówce.

Kokosowa panna cotta z likierem pomarańczowym

Elegancki, wyśmienity deser. Z kawałkami karmelizowanej skórki pomarańczowej lub świeżą konfiturą z pomarańczy.

Potrzebujemy:

Na panna cottę
400 ml mleka kokosowego
3 niezbyt czubatych łyżeczek żelatyny
2 łyżek likieru pomarańczowego Cointreau
2–3 łyżeczek cukru

Na konfiturę
1 pomarańczy
3–4 łyżek cukru
kilku łyżek likieru pomarańczowego

Żelatynę wsypujemy do małego naczynia i wlewamy 2 łyżki wody.
Mieszamy i odstawiamy na kilka minut. Do mleka kokosowego dodajemy 2 łyżki likieru oraz 2–3 łyżeczki (do smaku) cukru. Mieszamy
i podgrzewamy. Mleko musi być mocno ciepłe, ale nie powinno się
zagotować. Ja podgrzewam, mieszając, a gdy tylko zaczyna mocniej
parować, zestawiam. Dodajemy żelatynę i mieszamy, aż do jej rozpuszczenia. Odstawiamy garnek, aby mleko lekko przestygło. Następnie
rozlewamy zawartość do szklanek, miseczek lub kieliszków. Przykrywamy kawałkami folii spożywczej lub aluminiowej i wstawiamy do
lodówki na kilka godzin. Ja zawsze staram się przygotować deser wieczorem, żeby chłodził się w lodówce całą noc, wtedy mam absolutną
pewność, że konsystencja będzie idealna.

Aby przygotować konfiturę, pomarańczę obieramy, jej środek filetujemy, a skórki tniemy na wąskie paseczki (idealnie, jeśli użyjemy całej pomarańczy, a skórek z połówki owocu). Całość zalewamy 3 łyżkami likieru i odstawiamy na pół do 1 godziny. Następnie wrzucamy do garnka, dodajemy pół szklanki wody i 3 łyżki cukru. Powoli podgrzewamy. Pod koniec dodajemy jeszcze 2–3 łyżki likieru. Deser dekorujemy kawałkami skórki pomarańczowej z przygotowanej konfitury lub świeżą tartą skórką pomarańczy. Możemy go podać w naczyniach, w których się schładzał. Jeśli jednak ma zostać wyjęty na talerzyk, to warto miseczkę wstawić dosłownie na sekundę do większego naczynia z mocno ciepłą wodą.

Domowa granola z truskawkami

Zdrowe śniadanie? Domowa granola na bazie płatków owsianych, otrębów, sezamu, suszonych owoców i świeżych truskawek. Po takim posiłku nabierzemy energii na cały dzień!

Potrzebujemy:
1 szklanki płatków owsianych
0,5 szklanki otrębów pszennych
2 łyżek ziaren sezamu
0,5 szklanki rodzynek
0,5 szklanki orzechów laskowych
0,5 szklanki suszonych moreli
kilku suszonych daktyli
2 łyżek oliwy z oliwek
0,5 szklanki miodu
truskawek

Na patelni podsmażamy płatki, otręby, sezam, rodzynki, pokrojone w kosteczkę suszone morele, daktyle oraz pokruszone orzechy laskowe. Wszystko zalewamy oliwą z oliwek i dodajemy miodu. Smażymy kilka minut, aż całość nabierze złotego koloru. Gotową granolę zostawiamy do przestudzenia, a następnie przekładamy do salaterek lub szklanek i dodajemy świeże truskawki.

Crème brûlée

Bez wątpienia jeden z najlepszych deserów. Słodki krem z chrupiącą skórką ze skarmelizowanego cukru. Waniliowy, śmietankowy, po prostu idealny.

Potrzebujemy:
500 ml śmietanki kremówki (36%)
6 żółtek
100 g cukru trzcinowego
1 laski wanilii
ręcznego palnika do karmelizowania cukru

W garnuszku zagotowujemy śmietankę z cukrem i miąższem z laski wanilii. Doprowadzamy do wrzenia i ściągamy z ognia. Ubijamy żółtka i łyżka po łyżce dolewamy ciepłą śmietankę z cukrem. Krem przelewamy do foremek przez sitko. Wstawiamy na 50 minut do piekarnika nagrzanego do temperatury 100°C. Schładzamy w lodówce. Gdy jest zimny, posypujemy go brązowym cukrem i karmelizujemy palnikiem tak długo, aż powstanie charakterystyczna skorupka.

Tiramisu

Wyobraź sobie delikatny, puszysty krem z mascarpone. Między jego warstwami biszkopty, z których na język wylewa się rozkosznie aromatyczna kawa z likierem…

Potrzebujemy:
20–30 biszkoptów
500 g serka mascarpone
5 płaskich łyżek cukru
1 czubatej łyżki kawy rozpuszczalnej
50 ml alkoholu (np. likieru kawowego lub amaretto)
4 jajek
kakao

Żółtka ubijamy z częścią cukru, dodajemy ser i miksujemy. Wrzucamy pianę ubitą z białek (ze szczyptą soli i resztą cukru). Mieszamy delikatnie łyżką.
Na głęboki talerz wlewamy 1,5–2 szklanki wody, rozpuszczamy w niej kawę. Studzimy (jeśli trzeba). Dodajemy alkohol. W miksturze zanurzamy kolejno biszkopty (dosłownie sekundę, żeby namokła pierwsza warstwa, a nie cały biszkopt). W płaskim naczyniu układamy warstwę

biszkoptów, krem (z małym zapasem), który posypujemy kakao, znów biszkopty, krem i kakao. Gotowe. Schładzamy w lodówce.

Blok waniliowy

Blok waniliowy to taki sentymentalny deser. Możemy go urozmaicać bakaliami na wszelkie możliwe sposoby.

Potrzebujemy:
250 g mleka w proszku
100 g cukru
1 cukru waniliowego
75 g masła
0,5 szklanki wody
200 g bakalii (migdały, rodzynki, orzechy)
kilku suszonych moreli
garści suszonych daktyli
garści suszonej żurawiny

W garnuszku rozpuszczamy masło, cukier, wodę i dodajemy cukier waniliowy. Dokładnie mieszamy i odstawiamy do lekkiego przestudzenia. W osobnym naczyniu łączymy mleko w proszku z bakaliami oraz suszonymi owocami i dodajemy rozpuszczone masło z cukrem. Keksówkę wykładamy folią spożywczą i przelewamy do niej masę. Schładzamy w lodówce – najlepiej przez dobę.

Masa kajmakowa

Świetny dodatek do wszelkiego rodzaju wafli lub chrupkiego pieczywa. Wystarczy odrobina masy kajmakowej, by wyczarować przepyszny, domowy deser.

Potrzebujemy:
3 szklanek mleka
3 szklanek śmietanki kremówki (36%)
1,5 szklanki cukru
1 laski wanilii

Do garnka z szerokim dnem wlewamy mleko i śmietankę. Dodajemy cukier oraz miąższ z laski wanilii. Mieszamy i doprowadzamy do wrzenia. Zmniejszamy moc palnika i gotujemy 2–3 godziny, co jakiś czas mieszając, aż całość nabierze karmelowego koloru i zgęstnieje.

Clafoutis z jagodami

Francuski specjał w jagodowej odsłonie. Wilgotny, miękki, pyszny.

Potrzebujemy:
1,5 szklanki mąki
3 jajek
1 szklanki cukru
2/3 szklanki śmietanki kremówki (36%)

2/3 szklanki mleka
250 g świeżych jagód
cukru pudru do posypania

W misce ubijamy jajka, dodajemy cukier, następnie mąkę, śmietankę i mleko. Masę wylewamy do formy. Na wierzchu układamy jagody. Pieczemy 30–40 minut w temperaturze 200°C.

Clafoutis z bananami

Wszystko jak wyżej, ale w wersji bananowej. Pycha!

Potrzebujemy:
1,5 szklanki mąki
3 jajek
1 szklanki cukru
2/3 szklanki śmietanki kremówki (36%)
2/3 szklanki mleka
250 g pokrojonego banana
cukru pudru do posypania

W misce ubijamy jajka, dodajemy cukier, następnie mąkę, śmietankę i mleko. Masę wylewamy do formy. Na wierzchu układamy banany. Pieczemy 30–40 minut w temperaturze 200°C.

Clafoutis migdałowe z malinami

Migdały w tej odsłonie dodają deserowi charakteru i zadziorności. Zestawienie z malinami jest doskonałe.

Potrzebujemy:
1 szklanki mąki
2/3 szklanki mielonych migdałów
3 jajek
1 szklanki cukru
2/3 szklanki śmietanki kremówki (36%)
2/3 szklanki mleka
250 g świeżych malin
cukru pudru do posypania

W misce ubijamy jajka, dodajemy cukier, następnie mąkę, mielone migdały, śmietankę i mleko. Masę wylewamy do formy. Na wierzchu układamy maliny. Pieczemy 30–40 minut w temperaturze 200°C.

Baklawa migdałowa

Cieniutkie, chrupiące warstwy ciasta ociekające rozgrzanym masłem i syropem różanym. Do tego prażone migdały. Ten deser to prawdziwe wyzwanie. Czy może być coś bardziej ekscytującego?

Potrzebujemy:
450 g ciasta filo (musimy kupić gotowe)
350–400 g mielonych migdałów (można kupić już rozdrobnione)
130 g cukru pudru (można go też dosypywać do smaku)
150 g masła (roztopionego)
1 płaskiej łyżki mielonego kardamonu

Na syrop
250 g cukru
150–200 ml soku wyciśniętego z mandarynek
aromatu różanego lub ewentualnie innego

Na wstępie należy policzyć „liście" (filo, bo *phyllo* – liść). W opakowaniach jest zwykle 10, 11 albo 12 płatów ciasta. Na spodzie blachy wysmarowanej roztopionym masłem układamy kolejno 3 pierwsze płaty. Każdy smarujemy cienko roztopionym masłem. Wrzucamy na nie połowę masy migdałowej (migdały zmieszane z cukrem pudrem i kardamonem) i wyrównujemy powierzchnię, delikatnie dociskając. Następnie układamy kolejne 3–4 płaty (znów każdy pociągnięty lekko masłem), na to kolejną warstwę migdałów i na koniec ostatnie płaty filo (przynajmniej 4) – posmarowane. I teraz bardzo ważna sprawa! Baklawę kroimy przed upieczeniem, bo później może to być niewykonalne! Tradycyjnie kroi się ją w romby. Ciasto wkładamy do piekarnika nagrzanego do temperatury 160°C na 20 minut. Potem temperaturę podwyższamy do 200°C i pieczemy jeszcze około 10 minut.

Z cukru, mandarynek i aromatu różanego przygotowujemy syrop, czyli zagotowujemy składniki i podgrzewamy około 10 minut, aż syrop zacznie gęstnieć. Syropem można polać całą baklawę lub podać go w dzbanuszku, aby każdy mógł sam sobie odrobinę wylać. To drugie rozwiązanie pozwala łatwiej przechowywać pozostałe kawałki ciasta (nie sklejają się). A jeśli syrop po ostudzeniu zbytnio zgęstnieje, wystarczy go podgrzać w gorącej kąpieli wodnej.

Baklawa pistacjowa

Klasyczna, pistacjowa odsłona przysmaku tradycyjnie przygotowywanego m.in. w Turcji oraz na Bałkanach.

Potrzebujemy:
450 g ciasta filo
350–400 g mielonych pistacji
130 g cukru pudru (można go też dosypywać do smaku)
150 g roztopionego masła
1 płaskiej łyżki mielonego kardamonu

Na syrop
250 g cukru
150–200 ml soku wyciśniętego z pomarańczy
kilku kropli aromatu pomarańczowego

Na wstępie należy policzyć liście (filo, bo *phyllo* – liść). W opakowaniach jest zwykle 10, 11 albo 12 płatów ciasta. Na spodzie blachy wysmarowanej roztopionym masłem układamy kolejno 3 pierwsze płaty i każdy smarujemy cienko roztopionym masłem. Wrzucamy na nie połowę masy pistacjowej (pistacje zmieszane z cukrem pudrem i kardamonem) i wyrównujemy powierzchnię, delikatnie dociskając. Następnie układamy kolejne 3–4 płaty (znów każdy pociągnięty lekko masłem), na to kolejną warstwę pistacji i na koniec ostatnie płaty filo (przynajmniej 4) – posmarowane. Baklawę kroimy przed upieczeniem, bo później może to być niewykonalne! Tradycyjnie kroi się ją w romby. Ciasto wstawiamy do piekarnika nagrzanego do temperatury 160°C na 20 minut. Potem temperaturę podwyższamy do 200°C i pieczemy jeszcze około 10 minut.

Z cukru, soku z pomarańczy i aromatu pomarańczowego przygotowujemy syrop, czyli zagotowujemy składniki i podgrzewamy około 10 minut, aż syrop zacznie gęstnieć. Syropem możemy polać całą baklawę lub podać go w dzbanuszku, aby każdy mógł sobie odrobinę wylać. Takie rozwiązanie pozwala także łatwiej przechowywać pozostałe kawałki ciasta (nie sklejają się). A jeśli syrop po ostudzeniu zbytnio zgęstnieje, to wystarczy go podgrzać w gorącej kąpieli wodnej.

Rozdział II
Olgierd

Urodziny. Ważny dzień – myślała Amelia, idąc powoli w stronę kamieniczki, którą ktoś, kogo nie pamiętała, nazwał jej domem. To właśnie tutaj, w Zabajce, miała jutro obchodzić dwudzieste piąte urodziny, chociaż bardzo by chciała wiedzieć, kiedy i gdzie naprawdę przyszła na świat. Szukała w pamięci jakiegokolwiek śladu przeszłości, choćby przebłysku, lecz bezskutecznie.

Kto inny pewnie by się tym załamał, jednak nie Amelia. Ona miała swoją własną filozofię życiową – mimo, że nic ze swego życia nie pamiętała – staraj się, próbuj z całych sił, jeśli jednak czegoś nie możesz pokonać, po prostu odpuść. I spróbuj innym razem.

Nie męczyły ją wspomnienia, które gdzieś się tam czają na skraju umysłu, chcesz je pochwycić, a one umykają, niczym cień przed słońcem. Amelia nie miała żadnych wspomnień. Zupełnie, jakby urodziła się tydzień temu w bydgoskim szpitalu, nieco większa niż standardowy noworodek. No i starsza o jakieś dwadzieścia pięć lat. Pi razy oko.

Zaśmiała się do siebie.

Jej mama – miała chyba jakąś mamę?, każdy przecież ma – coś za długo chodziła w ciąży... Ale żeby aż o ćwierć wieku?!

Mama... to słowo nie wywoływało żadnego drgnienia serca... Dziewczyna stanęła pośrodku rynku, budząc tym oczywiście ciekawość mieszkańców Zabajki, i zamyśliła się głęboko. Policja przez czas, który spędziła w szpitalu, przeszukała kartoteki zaginięć. Jej, Amelii – o ile miała tak na imię – nikt nie szukał. Nikt nie zgłosił, że „wyszła z domu i przepadła". Smutne to, prawda? Poczuła się w tej chwili bardzo, ale to bardzo samotna. Nikt na całym świecie nie zauważył jej zniknięcia.

Może jednak były tego przyczyny?

Może mieszkała za granicą, tam miała rodzinę, którą uprzedziła o wyjeździe do Polski? Może ta rodzina zacznie się niepokoić dopiero za miesiąc czy dwa?

Poczekajmy trochę, dajmy im czas się stęsknić. Na razie mamy pewnego T., który Amelię zna i kocha na tyle, by podarować jej piękną, stylową kamieniczkę w uroczym miasteczku i parę tysięcy złotych „na dobry początek". Dla kogoś zupełnie obojętnego tajemniczy T. nie byłby przecież taki hojny. Gdyby tylko Amelia wiedziała o nim coś więcej...

W tym momencie na oczach zdumionych Zabajczan dziewczyna palnęła się dłonią w czoło i...

– Przepraszam, gdzie mieszka pan Cichocki – zagadnęła pierwszą przechodzącą obok osobę.

Ku swej konsternacji osobą tą była Olena Ryska, wójtowa, która od początku znielubiła nową mieszkankę Zabajki.

Tej Zabajki, którą Olena traktowała jak swój prywatny folwark, co z jednej strony było dobre, bo o swoją własność się dba, z drugiej jednak...

– A co od niego chcesz? – odpowiedziała pytaniem.

Amelia miała na końcu języka parę ciętych odpowiedzi: „zapytać o pogodę", „spełnić trzy życzenia", „otworzyć na parterze klub nocny", jednak... milczała, patrząc niepokojąco ciemnymi oczami w zmrużone ze złości oczy kobiety.

– Cichocki wyjechał – odmruknęła wreszcie tamta, odwracając wzrok.

Trudno było się mierzyć na spojrzenia z tą dziwną dziewczyną. Jej czarne źrenice zdawały się prześwietlać człowieka na wylot – to samo co poniektórzy mogli powiedzieć o Olenie, z małą jednak różnicą: w oczach Amelii była życzliwość i pogoda ducha, we wzroku Oleny zaś wrogość i jakaś dziwna, zapiekła nienawiść do całego świata, zupełnie jakby ten świat był źródłem wszelkiego zła, jakie w przeszłości spotkało rozpieszczoną jedynaczkę państwa Ryskich. Gdyby jednak Olena poszukała głębiej, może znalazłaby źródło swoich niepowodzeń we własnym charakterku? Łatwiej jednak o porażkę obwiniać wszystkich dokoła, niekoniecznie siebie samą...

– Kiedy wraca? – pytanie sprawiło, że Olena zamrugała jak wyrwana ze snu.

I aż się wstrząsnęła: w biały dzień, pośrodku rynku, na oczach mieszkańców ona, wójtowa, rozmyśla o swoich niepowodzeniach i charakterze?! No ludzie kochani... To na pewno ta dziewucha z tymi swoim ślepiami, czarnymi jak u diabła, urok jakiś na nią rzuciła!

– Tego nie powiedział – odparła tonem jeszcze bardziej opryskliwym, jeśli to w ogóle możliwe. – Dostał duże pieniądze za wynajem tej twojej kamienicy, swoją chałupę zamknął na cztery spusty i wyruszył w podróż dookoła świata, stary głupiec. Może mu to zająć ładnych parę miesięcy, o ile po drodze nie wykituje z nadmiaru wrażeń, na twoim więc miejscu, panno znikąd, postarałabym się nieco spokornieć, bo miejscowi nie lubią obcych, co za bardzo zadzierają nosa.

Amelia wysłuchała tej tyrady, nie odezwawszy się ani słowem. Tylko patrzyła na wójtową z niezmąconym spokojem, co tamtą wyprowadzało z równowagi coraz bardziej.

– Jeszcze jakieś pytania? – rzuciła i już zamierzała odejść, gdy Amelia odezwała się cichym, niemal hipnotyzującym głosem:

– O czym pani marzy?

Olena uniosła brwi. Zatkało ją po raz nie wiadomo który tego dziwnego dnia.

– Nie wierzę, że wójtowanie temu miasteczku jest szczytem pani aspiracji – dodała Amelia.

Skąd ona, ta przybłęda wie?! I jakim prawem o to pyta?! Chyba nie oczekuje odpowiedzi?!

– Ja… rzeczywiście mam większe ambicje… – Olena ze zdumieniem usłyszała swój głos. – Marzy mi się wielka polityka. Tutaj… nie mam pola do popisu. Ci się domagają kanalizacji, tamci naprawy dziur w asfaltówce, a ja… ja bym chciała coś z większym rozmachem. Autostrady, metro, reforma służby zdrowia… To są dopiero wyzwania, a nie dziura w jezdni. Tak naprawdę, mimo tego całego wójtowania, duszę się w tej pipidówie – ostatnie słowa wyszeptała, nie wierząc, po prostu nie dowierzając samej sobie, że w ogóle z kimś o swoich ambicjach rozmawia i że tym kimś jest nieznajoma przybłęda, co nago się ludziom na oczy pokazuje. No, w koszuli nocnej.

Uniosła wzrok i napotkała uważne spojrzenie tejże przybłędy, szukając w nim cienia szyderstwa czy choćby kpiny, ale w oczach Amelii nie znalazła nic poza życzliwym zainteresowaniem.

Ponownie uniosła brwi, w oczekiwaniu na słowa dziewczyny. Na jakieś „to bardzo interesujące" czy „życzę powodzenia", ale Amelia… Ona uśmiechnęła się lekko i powiedziała:

– Dziękuję za informację o panu Cichockim. Wygląda na to, że trochę sobie na jego powrót poczekam.

– Ano poczekasz – prychnęła Olena, odwróciła się i odeszła szybkim krokiem, wściekła – nie na siebie oczywiście, a na tę małą czarnooką wiedźmę – że wygadała się ze swoich najskrytszych marzeń.

Gdyby to był kto inny, Olena zażądałaby dyskrecji. „Jeśli komuś o tym powiesz, to... zobaczysz". Każdego mieszkańca Zabajki miała w garści, bo nikt nie chciał przecież zadzierać z wójtową. Jeden jej podpis czy brak podpisu i można się pożegnać z dofinansowaniem na mały rodzinny interes, czy zgodą na budowę domu, bo w tym miejscu ma powstać oczyszczalnia ścieków albo rezerwat ochrony bociana czarnego.

Każdy wiedział, że Ryscy potrafią być mściwi...

Każdy.

Oprócz Amelii.

Na tę dziewczynę wójtowa nie miała jeszcze nic. Policyjna kartoteka była czysta. Znaleziono ją niemal martwą na poboczu drogi, odratowano, wybudzono ze śpiączki, stwierdzono całkowitą amnezję i wypuszczono ze szpitala po wyleczeniu obrażeń. Koniec. Kropka.

Lecz pożyjemy, zobaczymy...

Na każdego wcześniej czy później wójtowa znajdzie haczyk...

Amelia, zupełnie nie zdając sobie sprawy ze złych myśli, jakie w tej chwili słała jej Olena Ryska – a może wręcz przeciwnie?, może o nich wiedziała? – przecięła rynek Zabajki, uśmiechając się do mijanych przechodniów, którzy odpowiadali nieśmiało tym samym, i chwilę potem zamykała za sobą drzwi domu, opierając się o nie z westchnieniem ulgi.

Pierwszy dzień nowego życia nie należał do najłatwiejszych. Najpierw przebudzenie w obcym miejscu, potem spontaniczne powitanie owego i natychmiastowa akcja protestacyjna trzech gracji…

Wprawdzie następne spotkania były już o niebo milsze i dające nadzieję na przyszłość, jednak nienawiść w oczach Oleny i nieme ostrzeżenie nieco Amelię zaniepokoiły.

Ale… w tunelu jaśniało maleńkie światełko: wójtowa miała marzenie, wcale nie takie trudne do spełnienia. To znaczy Amelii tak się wydawało. Wystarczy pomyśleć, jak owo marzenie pani Ryskiej spełnić i… może Zabajka stanie się jeszcze piękniejszym, a przede wszystkim jeszcze milszym miejscem?

Amelia złożyła siatki z zakupami, które przyniosła ze spożywczego, w korytarzu, przeszła do sypialni, gdzie się dziś rano obudziła, wyjęła spod materaca plik banknotów.

Dziesięć tysięcy złotych.

Musi rozsądnie tymi pieniędzmi gospodarować, bo spełniać będzie nie tylko swoje marzenia, ale i innych, a do tego potrzebowała komputera i dostępu do internetu. Pewnie tutejsza biblioteka udostępnia mieszkańcom choć jedno stanowisko, lecz Amelia musiała mieć własne narzędzia pracy, a do tych należał między innymi internet z jego nieograniczonymi możliwościami.

Jeszcze dziś uda się do najbliższego supermarketu i kupi cokolwiek, na czym dałoby się posurfować po sieci, ale najpierw... najpierw zajmie się sobą, swoim nowym domem i własnymi marzeniami.

Bo Amelia w tej właśnie chwili zrozumiała, co tutaj robi i czego pragnie. To zapewne wiedział tajemniczy T., darowując jej tę kamieniczkę. Dziewczyna przebiegła z pokoiku na zapleczu do dużego pomieszczenia od frontu, tego ze starą, klimatyczną ladą i oknami, wychodzącymi na rynek, stanęła po środku i wyszeptała ze wzruszeniem:

– Kawiarenka. Tego zawsze chciałam. O tym marzyłam.

Maleńka, śliczna kawiarenka na rynku uroczego miasteczka, z ladą zastawioną cudeńkami z czekolady, kilkoma stoliczkami na zewnątrz i wewnątrz, przy których przysiądą mieszkańcy i podróżni, spragnieni nieco słodyczy w życiu. Tak. Kawiarenka... – wzrok dziewczyny spoczął na różanym ornamencie, zdobiącym boki lady – ...pod Różą.

Zaśmiała się do siebie, nie zważając na ciekawskie spojrzenia przechodniów, zaglądających do środka przez wielkie, choć zakurzone okna. Obróciła się dookoła z rozłożonymi ramionami, jakby obejmowała to miejsce i przytulała do siebie. Otworzy tutaj uroczą cukierenkę, którą pokochają podobni do niej, do Amelii. Trzeba brać się do roboty!

Zaczęła jednak nie od pomieszczeń frontowych, a od swojego gniazdka, które postanowiła urządzić na górze. Mieszkanko na dole, od strony ogródka, przekształci w kuchnię – gdzieś przecież musi przygotowywać te swoje słodkości – ale całe piętro będzie królestwem Amelii.

Weszła więc po schodach z zapasem gąbek, ściereczek i papierowych ręczników, tudzież płynów najrozmaitszych, a to do kafelków, a to do szyb, a to do parkietów i drewna, które zapobiegawczo kupiła w sklepie Marylki, i zabrała się do przywracania dwóm pokojom, kuchni i łazience dawnego blasku.

Po kilku godzinach wytężonej pracy – z paroma przerwami na złapanie oddechu i łyk herbaty, tudzież kęs sernika od Tosi – mieszkanie rzeczywiście zaczęło lśnić nieco spatynowanym blaskiem.

Jeszcze trzeba kupić nowe firanki, bo te pożółkły i nadawały się li tylko do wyrzucenia, jeszcze nowa pościel by się przydała i jakaś ładna patchworkowa kapa na łóżko, ale odrobinę wytarty dywanik już mógł pozostać, bo nadawał wnętrzu niepowtarzalny charakter, parkiet błyszczał w promieniach słońca, łazienka także, kuchnia... O, nad nią jeszcze Amelia popracuje, bo stara kuchenka z piekarnikiem zapuszczona była do niemożliwości, ale całość sprawiała przytulne wrażenie. Chciało się tu zamieszkać, ot co.

To właśnie powiedziała – wyraźnie zdumiona zmianą, jaka zaszła w opuszczonej przez wiele lat kamieniczce – Tosia, która po pracy wpadła do Amelii zobaczyć, jak dziewczyna sobie radzi.

– Dokonałaś cudu! – krzyknęła, rozglądając się po czystych i pachnących konwaliowym płynem pomieszczeniach.

– To był tak obskurny pokój, gdy mieszkał tu Cichocki z tą swoją jędzowatą żoną… A przecież… Właściwie nic się nie zmieniło!

– Trochę jednak się napracowałam! – oburzyła się żartobliwie Amelia. – Przede wszystkim umyłam okna i wyrzuciłam stare firanki. Narzuta też poszła na śmietnik. I okropny plastikowy obrus, którym ktoś, pewnie owa jędzowata żona, nakrył stół.

Rzeczywiście, stół, solidny, dębowy, jak reszta mebli w tym pokoju również został doprowadzony do porządku i odzyskał dawne piękno.

– Mogę zobaczyć resztę? Z tego co pamiętam, sypialnia z balkonem wychodzącym na ogródek była jeszcze okropniejsza…

– Tam zbyt wiele nie zdziałałam, ale pościel dokupiłam w sklepiku naprzeciwko. Może i nazywa się „spożywczy", ale można tam dostać niemal wszystko – mówiła Amelia, prowadząc nową przyjaciółkę do sypialni.

Tu również przez otwarte na oścież balkonowe okno wpadał potok światła. Tutaj też pachniało konwaliami. Łóżko było zasłane śnieżnobiałą pościelą w błękitne niezapominajki – Tosia aż brwi uniosła ze zdziwienia: to tutaj, w Zabajce, w sklepie spożywczym, mają tak ładną pościel? Ona, Tosia, kupowała wszystko w centrum handlowym!

Toaletka ze starym, poczerniałym lustrem nie prezentowała się już tak elegancko, ale wazonik, z bukiecikiem niezapominajek – skąd ta dziewczyna je wyczarowała?! – dodawał niepowtarzalnego uroku i toaletce, i całej sypialni.

Wyszły na balkon.

– To moje ulubione miejsce. Tutaj rozkoszuję się od rana herbatą i ciastem od ciebie i Kseni – odezwała się Amelia ciepłym tonem. Ciepłym i ze względu na przyjaciółkę, dzięki której to ciasto i tę herbatę miała, i na miejsce, które pokochała od pierwszego wejrzenia. – Tylko z ogrodem muszę zrobić porządek – westchnęła, patrząc na sięgające niemal pierwszego piętra chwasty.

– Ziemię masz dobrą, wyrosły nad podziw wybujałe – zaśmiała się Tosia. – Poproszę brata, póki jeszcze jest, by pomógł ci z tymi drapakami. Tu nie wystarczy zwykłe pielenie, to trzeba wykarczować.

Amelia zgodziła się z nią bez słowa. Wprawdzie ogrodem zamierzała zająć się sama, na końcu, gdy będzie wiedziała, ile pieniędzy na taki zbytek jak różany zakątek jej pozostało, ale tego przecież nie powie komuś, kto wyciąga do niej pomocną dłoń. Nie odtrąci tej dłoni.

– Czy masz jutro czas po siedemnastej? – odezwała się z nagłą nieśmiałością. – Urządzam urodziny i chciałabym cię na nie zaprosić. O ile oczywiście zechcesz przyjść…

– Przypomniałaś sobie?! – ucieszyła się Tosia. – Wiesz już, kim jesteś i kiedy się urodziłaś?!

Amelia pokręciła głową, na co uśmiech na twarzy młodej kobiety zgasł.

– Wymyśliłyśmy z urzędniczką, przyjmującą podanie o dowód osobisty, i datę urodzenia, i nazwisko. Dzięki temu jutro mogę wyprawić urodziny, dwudzieste piąte na dodatek, dla każdego, kogo do jutra poznam.

Tosia zaśmiała się.

– Fajny pomysł. W sobotę wszystko jest wcześniej zamykane, a przedszkole nieczynne, nawet więc gdybym szukała pretekstu, by odmówić, trudno byłoby go znaleźć, a ja z radością przyjdę na twoje pierwsze, choć dwudzieste piąte, urodziny. Ależ to pokręcone…

– Prawda? – zgodziła się Amelia, trochę zasmucona, trochę rozbawiona. – A najśmieszniej byłoby, gdyby się okazało, kiedyś, w przyszłości, gdy dowiem się w końcu o sobie wszystkiego, że rzeczywiście urodziłam się ćwierć wieku wcześniej, trzydziestego maja i mam na nazwisko Majowa.

– W taki zbieg okoliczności bym nie uwierzyła… – Tosia pokręciła głową.

– Ja też nie, chociaż… różne rzeczy mogą człowieka zaskoczyć. Czy wiedziałaś, że Marylka Kowal, skromna, nieśmiała ekspedientka z małego sklepiku w Zabajce, czyta literaturę hiszpańską w oryginale?

– Że hiszpańską, to nie wiedziałam, ale że angielską – owszem. Ma zdolności językowe i to od urodzenia chyba. Jej rodzice byli dyplomatami…

– I ona, Marylka, wylądowała tutaj zamiast na placówce zagranicznej?! – wykrzyknęła ze zdumienia Amelia.

– To długa i pokręcona historia, którą swego czasu żyła cała Zabajka. Opowiem ci o niej, jeśli nie uczyni tego sama Marylka, innym razem, bo muszę wracać do swoich urwisów, ale wierz mi: to miasteczko jest bogate w ciekawych ludzi i równie ciekawe historie.

Tosia skierowała się do drzwi, Amelia ruszyła za nią.

Nim ta pierwsza pożegnała się i wyszła, obiecała raz jeszcze:

– Przyślę brata, gdy tylko go znajdę. Nie wiem, gdzie się włóczy. On rozprawi się z chwastami raz-dwa i posadzi nowe rośliny, jakie tylko będziesz chciała…

Amelia marzyła o różach, niecierpkach i rododendronach. I mnóstwie paproci na dobry początek. To właśnie powiedziała Tosi.

– W poniedziałek od rana jest targ, tutaj, w Zabajce, za starą mleczarnią, pewnie nie wiesz jeszcze, gdzie to jest, ale możemy wybrać się tam razem. Kupisz na nim i swoje wymarzone róże, i niecierpki. Paprocie też. Z rododendronami może być trudniej, ale na pewno dostaniesz je w centrum handlowym, do którego możemy pojechać po targu. Jednym słowem: prosisz – masz! – Tosia zaśmiała się, Amelia zaś… ona czuła przypływ takiej mocy, jakiej nie doświadczyła jeszcze od czasu powtórnych narodzin tydzień temu na OIOM-ie bydgoskiego szpitala.

Tak... tu w Zabajce zaczynała działać prawdziwa magia. Musi zdobyć laptop i dostęp do internetu! I to jak najszybciej!

Patrzyła na odchodzącą Tosię i rozmyślała, jakie ta kobieta ma marzenia, które ona, Amelia, mogłaby spełnić. Bo za taką dobroć, życzliwość i serdeczność, jaką została przez Tosię obdarzona, pragnęła się odwdzięczyć.

O tych marzeniach miała dowiedzieć się w niedalekiej przyszłości i... okazały się nie tak proste do spełnienia, jak ogródek w różach i paprociach.

Amelia była właśnie w ferworze doprowadzania do porządku dużego pomieszczenia na parterze, które już niedługo zamieni w swoją Kawiarenkę pod Różą, gdy przez oszklone drzwi, które pucowała zawzięcie dotąd, aż szyby były czyste niczym kieliszki z reklamy tabletek do zmywarki, ujrzała zmierzającą w jej stronę Ksenię, piękną i jasnowłosą, za którą obejrzał się niejeden z Zabajczan.

Pani magister farmacji, nawet bez białego fartucha, który nakładała w aptece, roztaczała aurę pewności siebie i siły, ale – w odróżnieniu od Oleny – była niezaprzeczalnie kobieca i urocza. I sto razy bardziej życzliwie nastawiona do świata i ludzi. A już do poznanej rano Amelii, która ot tak, radośnie, przywitała Zabajkę w nocnej koszulce na progu nowego domu, na pewno.

– Cześć, laska, co porabiasz? – zapytała od progu, gdy tylko dziewczyna z zapraszającym uśmiechem otworzyła przed nią drzwi, wciągając ją do środka.

Ksenia nie musiała pytać, bo cała Zabajka wiedziała już, że ta nowa od rana, no prawie, bo rano paradowała po rynku półnago, szoruje starą rozwalającą się kamienicę, jakby mydłem i wodą mogła cokolwiek zdziałać, ale w pytaniu kobiety był głębszy sens.

– Sprzątam, sprzątam i końca nie widać – odparła Amelia, ocierając spocone czoło.

Pucowanie wielkich oszklonych drzwi niedługo po wyjściu ze szpitala, gdzie przywieziono ją na wpółmartwą, nie należało do łatwych.

Ksenia, zamiast stać w drzwiach i dopytywać dalej, po prostu chwyciła drugą rolkę papierowych ręczników, drugi płyn do szyb i zajęła się, ot tak, na oczach zdumionej, ale i wdzięcznej Amelii, myciem kolejnego okna.

– Skończyłam dyżur w aptece – wyjaśniła. – Więc mogę ci pomóc.

Amelia nie zdążyła podziękować, bo Ksenia zapytała już konkretniej:

– Co zamierzasz zrobić z tym podarunkiem? – Ogarnęła wzrokiem pomieszczenie. – Ludzie, którzy dziś wyjątkowo tłumnie odwiedzili moją aptekę, mówią, że otworzysz tu kolejny sklep typu „mydło i powidło", sexshop, którego w Zabajce rzeczywiście jeszcze nie było, albo salon samochodowy, chyba dla quadów. Więc? Masz jakiś pomysł na życie czy dzięki pieniądzom od twojego T. nie musisz pracować?

– Nawet nie wiem, czy ten T. jest rzeczywiście mój – odrzekła żałośnie dziewczyna. – Pieniędzy więcej się nie spodziewam, a za te, co dostałam, otworzę… – tu zawiesiła głos dla większej dramaturgii.

– Kawiarenkę – dokończyła Ksenia i roześmiała się na widok miny Amelii.

– Jasnowidz jakiś czy co?

– Nie. Po prostu wyglądasz mi na kogoś, kto marzy o małej zacisznej kafejce w małym romantycznym miasteczku. Zgadłam?

Amelia westchnęła.

– Zgadłaś. I pewnie powiesz, że to nie jest najlepszy pomysł, bo w takim miasteczku, gdzie turyści trafiają się z rzadka i tylko w sezonie, z kawiarenki się nie utrzymam…

– Tak powiedziałabym każdemu innemu, ale nie tobie – stwierdziła Ksenia. – Ty jak coś postanowisz, to po prostu to uczynisz, prawda, panno w nocnej koszuli z „Gooood moooorning Zabajkoooo!"?

Rzeczywiście, Ksenia trafiła w sedno. Amelia taka właśnie była – pewnie i wcześniej, przed wypadkiem czy pobiciem i utratą pamięci. To wiedziała na pewno.

– Długo każdy, kogo spotkam, będzie mi wypominał tę nocną koszulę? – zapytała, stając na chybotliwym taborecie, by umyć szybę nad drzwiami.

Ksenia nie zdążyła odpowiedzieć, że owszem, długo, a nawet do końca życia, gdy Amelia zachwiała się nagle, zacisnęła powieki i poleciała w tył. Kobieta dosłownie w ostatniej chwili doskoczyła do niej i chwyciła bezwładne ciało, zanim dziewczyna z impetem rąbnęła o podłogę, co skończyłoby się pewnie kolejnym pobytem w szpitalu, jeśli nie gorzej.

– Ej, Amelko, co ci jest? – Ksenia, podtrzymując nieprzytomną dziewczynę jedną ręką, drugą zaczęła poklepywać ją po kredowo białej twarzy. Jednocześnie rozglądała się – trochę przerażona i bezradna, bo co innego widzieć mdlejącego człowieka w serialu, co innego samemu udzielać mu pierwszej pomocy – po pomieszczeniu. Potrzebowała wody, by ocucić nieprzytomną. I telefonu, by wezwać karetkę. Telefon miała w torebce, torebka zaś leżała na ladzie, poza zasięgiem ręki.

Ksenia chciała złożyć jak najdelikatniej bezwładne ciało dziewczyny na podłodze, gdy w tym momencie drzwi uchyliły się i do środka zajrzał...

– Olgierd! Dzięki Bogu! Pomóż mi!

Młody mężczyzna, wysoki, szczupły i niezaprzeczalnie przystojny, o jasnych włosach i niebieskich oczach, w których chętnie zatraciłaby się niejedna z mieszkanek Zabajki i okolic, ogarnął sytuację bystrym spojrzeniem i uklęknął obok Kseni, obejmującej nieprzytomną dziewczynę.

– Zemdlała przed chwilą. Mało się nie zabiła, spadając z tego krzesła. Ledwo zdążyłam ją chwycić, bo jak nic rąbnęłaby głową o podłogę, a wiesz, że niedawno wróciła ze szpitala właśnie z pozszywaną potylicą.

– Wiem, Tośka zdążyła mi co nieco opowiedzieć – odparł Olgierd i przejął od Kseni, której ręce zaczęły się trząść ze zdenerwowania, bezwładne ciało. Amelia była taka krucha i szczupła...

– Wezwę karetkę – odezwała się Ksenia. – A ty przecieraj jej buzię mokrym ręczniczkiem.

Podała mężczyźnie chłodną szmatkę, którą on delikatnie przytknął do czoła nieprzytomnej, ale zanim zdążyła wyciągnąć z torebki telefon, powieki dziewczyny uniosły się powoli, długie, czarne rzęsy rzuciły cień na policzki i Amelia otworzyła oczy, jeszcze zamglone po upadku. Jej zdezorientowane spojrzenie zatrzymało się na Kseni, którą poznała, ale... tego mężczyzny, który obejmował ją ramieniem i ocierał twarz czymś przyjemnie chłodnym, już nie. Czyżby znów coś ją, Amelię, ominęło? Kolejna przerwa w życiorysie? Zamknęła powieki w powrotem, by nie widzieli dwóch łez, które zaszkliły się w kącikach oczu.

– Amelio żyjesz? Mamy wezwać karetkę? – Dobra, czuła dłoń zaniepokojonej Kseni, która pogładziła dziewczynę po policzku, sprawiła, że te łzy jednak popłynęły. – Nie płacz, kochana – głos kobiety załamał się. – Coś cię boli? Co mam tym z pogotowia przekazać, oprócz tego, że straciłaś przytomność?

Amelia pokręciła głową, otworzyła oczy i spróbowała, przytrzymując się ramienia nieznajomego mężczyzny, podnieść się do pozycji pionowej. Pomógł jej, nie wypuszczając jednak dziewczyny z objęć.

– Nic mi nie jest. Chyba... chyba się trochę przemęczyłam... – wyszeptała dziewczyna, nie śmiąc spojrzeć Kseni ani nieznajomemu w oczy. – Przepraszam za zamieszanie.

– Oczywiście, że się przepracowałaś! – wykrzyknęła Ksenia. – Przecież, kobieto, jeszcze tydzień temu leżałaś pod tymi wszystkimi pikadłami na intensywnej terapii! Kawiarenka poczeka, nikt ci jej nie zabierze, a jeśli nadal będziesz taka uparta następnym razem wyrżniesz głową w podłogę i żaden chirurg ci nie pomoże, zobaczysz. – Ksenia musiała wyrzucić z siebie niepokój ostatnich chwil, co dziewczyna przyjęła z pokorą. – Właśnie po to, byś się oszczędzała, Tosia przysłała ci do pomocy Olgierda, swojego brata – wskazała młodego mężczyznę. – Do końca przyszłego tygodnia możesz go wykorzystywać do woli, potem wyjeżdża... – Urwała, widząc kraśniejącą buzię dziewczyny i rozbawienie w oczach mężczyzny. – Mówiąc „wykorzystywać" miałam na myśli...

– Wiemy, co miałaś na myśli – wpadł jej w słowo Olgierd i zwrócił się do Amelii: – Nasza Ksenia kochana słynie z niewyparzonego języka, a ja rzeczywiście do końca tygodnia z przyjemnością pomogę ci we wszystkich pracach, o ile oczywiście mojej pomocy potrzebujesz.

– Chyba widzisz, że potrzebuje! – Ksenia wskazała nadal półleżącą Amelię. – Zająłbyś się tym oknem, przy którego pucowaniu o mało nie umarła, biedaczka, zamiast tak siedzieć i gadać.

Olgierd pomyślał, że woli tak siedzieć i obejmować prześliczne zjawisko, jakim okazała się nowa mieszkanka Zabajki, ale zatrzymał to dla siebie.

Do wieczora Amelia odpoczywała w swojej sypialni, piętro wyżej, wyposażona w laptop i przenośny modem, który pożyczyła jej Ksenia, oni zaś oboje doprowadzali pomieszczenia na parterze, czyli przyszłą Kawiarenkę pod Różą, do połysku.

Koło siódmej Amelia usłyszała z dołu wołanie:

– Już możesz zejść i zobaczyć! I nas pochwalić!

Zbiegła więc po schodach i… oniemiała. Sala, która jeszcze rano była po prostu zakurzonym, ponurym gratowiskiem, gdzie jedyną piękną rzeczą była stara dębowa lada, zmieniła się w przestronne, jasne, dzięki świeżo malowanym ścianom pomieszczenie, wprost wymarzone na śliczną, maleńką kafejkę. Okna otwierały ją na rynek i park pod ratuszem, podłoga ze starego piaskowca została wypolerowana, nadając wnętrzu niepowtarzalny klimat, pod jedną ze ścian królowała dębowa lada, zaś pośrodku i pod ścianami zmieściły się trzy stoliczki, pasujące tu jak ulał – skąd oni wytrzasnęli takie cudeńka? – z trzema krzesłami przy każdym. Gdyby na ladzie znalazła się oszklona witryna, wypełniona czekoladowymi łakociami, gdyby obok niej stanął ładny ekspres do kawy, a na półkach porcelanowe talerzyki i filiżanki, Kawiarenka pod Różą mogłaby otworzyć swe podwoje choćby teraz, w tej chwili.

– Jesteście… jesteście niesamowici… – W oczach Amelii błyszczał zachwyt i łzy wzruszenia. – Dziękuję. Pójdę po pieniądze i…

– Jeśli myślisz, że uda ci się nam zapłacić za pomoc, to się mylisz – przerwała jej Ksenia. – Ale po pieniądze możesz skoczyć, bo Olgierd właśnie wybiera się do pobliskiego centrum handlowego. Jest otwarte do dwudziestej trzeciej. Tam kupisz wymarzone róże i co sobie jeszcze zażyczysz. No i łącze ze światem, bo moje muszę ci odebrać.

Amelia kiwnęła głową, obróciła się na pięcie i pomknęła na górę.

Olgierd, dotąd milczący, odprowadził smukłą sylwetkę dziewczyny wzrokiem i mruknął ni to do siebie, ni do Kseni:

– Dobrze, że za tydzień wyjeżdżam.

– Śliczna, prawda? Pełna uroku, jakiegoś wewnętrznego światła i… dobra. To dobro tak ją rozświetla. Każdy wolny facet w Zabajce się w niej zakocha, zajęty również. Szybko sprzątną ci tę zdobycz sprzed nosa – dodała Ksenia na koniec nieco złośliwie.

Od ładnych paru lat próbowały z Tosią wyswatać jej brata z jakąś dziewczyną, on jednak twierdził, że jest singlem i zamierza pozostać nim do czterdziestki. Dopiero wtedy się ustatkuje, założy rodzinę i spłodzi potomka. Oraz wybuduje dom i posadzi drzewo jak na prawdziwego mężczyznę przystało.

Olgierd naraz wyjął z kieszeni kluczyki od samochodu, wcisnął je w dłoń kobiecie, która nic nie rozumiejąc, spojrzała na niego pytająco i rzekł, idąc do drzwi:

– Ty ją zawieź na te zakupy. Ja... zmieniłem plany.

Nim drzwi się za nim zamknęły, zdążył usłyszeć kpiący głos Kseni:

– Nie podejrzewałam, że jesteś takim tchórzem!

– Bo nie jestem, do cholery! – odkrzyknął przez ramię, ale ona roześmiała się tylko i pomachała mu koniuszkami palców.

Olgierdowi parę grzeszków można było zarzucić, ale na pewno nie brakowało mu odwagi. A jednak czarne, piękne oczy dziewczyny, którą niedawno trzymał w ramionach, słabą i bezbronną, sprawiły, że... faktycznie. Stchórzył.

Drożdżówki, ciasteczka,
tartaletki i domowe placki –
przepyszne specjały kawiarenki
wprost na popołudniowe
przyjęcie

Drożdżówki z konfiturą rabarbarową

Ciepłe, pachnące drożdżówki z domową konfiturą rabarbarową. Zapach drożdżowego ciasta wypełnia cały dom. Czy można wyobrazić sobie lepszy początek dnia?

Potrzebujemy:

Na ciasto
500 g mąki pszennej
300 ml mleka
100 g masła (roztopionego)
50 g cukru trzcinowego
1 jajka
20 g świeżych drożdży
szczypty soli

Na nadzienie
300 g rabarbaru
4 dużych dojrzałych brzoskwiń
4 łyżek miodu
2 łyżek wody

Na kruszonkę
3 łyżek masła
3 łyżek cukru
4 łyżek mąki

Wszystkie składniki na ciasto zagniatamy (najlepiej maszyną, ale można to zrobić ręcznie), aż powstanie jednolita masa. Przekładamy ją do miski, przykrywamy ściereczką i odstawiamy na 1,5 godziny do wyrośnięcia. W tym czasie przygotowujemy konfiturę. Na patelni podgrzewamy miód z wodą, a kiedy całość zacznie się lekko karmelizować, dokładamy pokrojony w kostkę rabarbar. Gdy puści sok, dusimy około 10 minut, aż woda odparuje, i dorzucamy pokrojone na kawałki brzoskwinie. Całość dusimy tak długo, aż powstanie gęsta konfitura. Odstawiamy ją do ostygnięcia. Z ciasta drożdżowego formujemy 13–14 kulek. Układamy je na blasze do pieczenia wyłożonej papierem (około 9 drożdżówek na blachę). Rozpłaszczamy je delikatnie i dnem szklanki robimy w każdej wgłębienie (do samej blachy). Do wgłębienia nakładamy konfiturę i posypujemy ją kruszonką. Całość wstawiamy do piekarnika rozgrzanego do 190°C na około 20 minut.

Bułeczki z truskawkami

Kubek świeżo zaparzonej kawy i gorące bułeczki z pachnącymi truskawkami. Wspaniały podwieczorek, na który możemy zaprosić sąsiadkę lub przyjaciółkę. Niektórzy z nas mają to szczęście, że sąsiadka staje się przyjaciółką. Tym milej spędzimy wspólnie czas przy ciepłych bułeczkach.

Potrzebujemy:
500 g mąki pszennej
40 g świeżych drożdży
2 jajek
100 g cukru lub 20 g miodu
200 ml mleka

70 g roztopionego masła
szczypty soli

Mieszamy mleko z miodem lub cukrem, jajkami i roztopionym masłem. Dodajemy mąkę i rozkruszone drożdże oraz sól. Wyrabiamy gładkie ciasto – ręcznie lub maszyną. Odstawiamy w ciepłe miejsce, przykrywamy ściereczką i czekamy, aż podwoi swoją objętość. Z ciasta formujemy kulki, rozpłaszczamy je, nadziewamy świeżymi truskawkami lub konfiturą truskawkową, formujemy w bułeczki i znowu odkładamy w ciepłe miejsce na około 15 minut. Ciasto smarujemy rozbełtanym jajkiem wymieszanym z łyżką mleka i pieczemy około 20 minut w temperaturze 220°C.

Ciasteczka z orzeszkami pistacjowymi

Chrupiące ciasteczka o delikatnym posmaku masła, czekolady i słonych orzeszków pistacjowych. Przysmak każdego łasucha.

Potrzebujemy:
125 g obranych orzeszków pistacjowych
50 g gorzkiej czekolady
150 g mąki
1 jajka
1 żółtka
120 g masła (miękkiego)
3 łyżek miodu

60 g cukru trzcinowego
0,5 łyżeczki proszku do pieczenia

Orzechy i czekoladę blendujemy mikserem, ale nie na miazgę – mogą zostać małe kawałki. W drugim naczyniu miksujemy masło, miód, cukier, jajko i żółtko, aż do połączenia składników. Dodajemy mąkę oraz proszek do pieczenia i całość znów dokładnie mieszamy. Na koniec dodajemy masę z orzechów i czekolady. Po wymieszaniu ciasto jest lepkie i klejące. Na blachę wyłożoną papierem do pieczenia nakładamy łyżeczką od herbaty 23–25 kleksów. Następnie delikatnie je spłaszczamy i pieczemy około 14 minut w 180°C. Odstępy między kleksami powinny być nieco większe, gdyż ciasto rozpływa się i powstają miniplacuszki.

Domowe pączki z konfiturą jeżynową

Kto powiedział, że pączki jada się tylko w tłusty czwartek? Świeży pączek z konfiturą jeżynową domowej roboty pasuje na każdą okazję (konfiturę jeżynową możemy oczywiście zastąpić konfiturą o innym smaku, np. różaną). Przekonajcie się sami!

Potrzebujemy:
Na ciasto
550 g mąki pszennej
120 g cukru
250 ml mleka
45 g świeżych drożdży
3 żółtek

1 całego jajka
kilku kropli aromatu waniliowego
45 g roztopionego masła
4–5 łyżek spirytusu lub wódki
szczypty soli

Na konfiturę jeżynową
250 g mrożonych jeżyn
60 g cukru trzcinowego
startej skórki z 1 cytryny

Aby przygotować konfiturę, mrożone jeżyny wrzucamy do garnka z cukrem trzcinowym i startą skórką z cytryny. Całość gotujemy tak długo, aż odparuje woda, i przez kilkanaście minut przesmażamy, by uzyskać gęstą masę. Możemy też kupić gotową konfiturę jeżynową lub zamienić ją na inną.

Wszystkie składniki na ciasto wyrabiamy. Formujemy kulę, przekładamy ją do miski, przykrywamy ściereczką i odstawiamy do wyrośnięcia. Po tym czasie wyrabiamy ciasto raz jeszcze, a następnie formujemy z niego płaskie krążki. Do ich środka nakładamy łyżeczkę konfitur i zagniatamy kulkę. Przygotowane kulki odkładamy na oprószoną mąką stolnicę, przykrywamy ściereczką i zostawiamy do wyrośnięcia. Niektórzy nadziewają pączki dopiero po usmażeniu, ale można też przed. Pączki smażymy na głębokim tłuszczu (powinien sięgać do połowy pączka) po kilka minut z każdej strony. Temperatura nie powinna przekraczać 170°C, gdyż zbyt wysoka powoduje, że szybko brązowieją, a w środku pozostają surowe. Można smażyć je we frytownicy.

Usmażone pączki układamy na ręcznikach kuchennych, aby ściekł z nich tłuszcz. Jeśli lubimy słodszą wersję, możemy je polukrować. Ja jednak zwykle poprzestaję na delikatnym oprószeniu ich cukrem pudrem.

Kruche ciasteczka łabędzie

To nie są ciasteczka tylko dla zakochanych, choć wyglądają niezwykle romantycznie. Kruche, maślane, w kształcie łabędzia. Z delikatnym cytrynowym lukrem. Po prostu idealne.

Potrzebujemy:
220 g masła (miękkiego)
0,5 szklanki cukru trzcinowego
1 jajka
1 cukru waniliowego
1 łyżeczki spirytusu
soku z 0,5 cytryny
2 szklanek mąki pszennej
szczypty proszku do pieczenia
szczypty soli

Na lukier
1 szklanki cukru pudru
2 łyżek soku z cytryny
(soku cytrynowego dodajemy, aż do powstania gęstego lukru)

Masło ucieramy z cukrem i cukrem waniliowym. Dodajemy do niego jajko oraz przesianą mąkę z solą i proszkiem do pieczenia. Całość ucieramy na jednolitą masę. Na koniec wlewamy spirytus oraz sok z cytryny i jeszcze raz mieszamy. Z ciasta formujemy kulę i schładzamy ją około 20 minut w lodówce. Po tym czasie ciasto rozwałkowujemy i szklanką wykrawamy kółka. Składamy je na pół i wzdłuż górnej części nacinamy pasek, z którego formujemy szyję z dzióbkiem. Następnie nacinamy skrzydełka. Gotowe ciasteczka wkładamy do piekarnika rozgrzanego do 190°C (góra-dół) na 12–13 minut. Upieczone łabędzie dekorujemy według upodobania, np. cytrynowym lukrem. Oczka robimy np. z czekoladowej posypki cukierniczej, ale może to być także malutki kawałeczek czekolady.

Minibabeczki waniliowe – reniferki

Babeczki w wersji reniferkowej? Czemu nie? Wystarczy odrobina fantazji, trochę cukierniczych dodatków i już zwykła babeczka przeobraża się w sympatyczną mordkę. Świetny pomysł na przyjęcie dla maluchów.

Potrzebujemy:
Na ciasto
200 g mąki
120 g masła
1 łyżeczki pasty waniliowej lub miąższu z 1 laski wanilii
2 jajek
1 łyżeczki proszku do pieczenia
100 g cukru

Na polewę

100 g gorzkiej czekolady
20 g masła
2 łyżek cukru trzcinowego lub 1 łyżki miodu
2 łyżek śmietanki kremówki (min. 30%)

Do dekoracji

lentilek lub M&M's-ów
paluszkowych precelków
kolorowej posypki

Masło ucieramy z cukrem i dodajemy po jednym jajku. Następnie dokładamy wanilię, a na końcu wsypujemy proszek i mąkę. Całość mieszamy, aż powstanie jednolita, gęsta masa. Przekładamy ją do minifo-
remek muffinkowych i pieczemy w 200°C około 13 minut.
Czekoladę i pozostałe składniki rozpuszczamy w garnuszku na małym
ogniu i mieszamy, aż utworzą płynną masę. Nakładamy ją na babeczki. Z lentilek robimy nosy, z precelków przełamanych na pół – rogi,
a z posypki oczka. I już przyglądają nam się słodkie, maleńkie renifer-
ki. Uszczęśliwicie nimi każde dziecko.

Babeczki miodowe bez mleka

Zapach lipowego miodu unosi się w całym domu... Te babeczki pachną tak zawrotnie, że lepiej uważać na przelatujące pszczoły! Są mięciutkie, delikatne, po prostu idealne.

Potrzebujemy:

Na ciasto
220 g mąki
3 jajek
120 g masła
150 g płynnego miodu (najlepiej lipowego,
ale może być także wielokwiatowy)
50 ml śmietanki kremówki (min. 30%)
0,5 łyżeczki proszku do pieczenia
szczypty soli

Na polewę
100 g czekolady
20 g masła
2 łyżek śmietanki kremówki

Ucieramy masło i dodajemy do niego po jednym jajku. Wlewamy miód i dalej ucieramy. Następnie dosypujemy przesianą mąkę, proszek do pieczenia, sól i dolewamy śmietankę. Całość dokładnie mieszamy, aż powstanie jednolita, gęsta masa. Przekładamy ją do foremek i pieczemy około 25 minut w 170°C (góra-dół). Wierzch babeczek dekorujemy polewą z gorzkiej czekolady (wszystkie składniki na polewę rozpuszczamy, delikatnie mieszając, w rondelku z grubym dnem).

Rogale marcińskie z marcepanem

Upieczenie domowych rogali marcińskich to prawdziwe wyzwanie! Ale i jaka radość, gdy pachnące i ciepłe wyjmujemy z piekarnika. Do tego doskonała marcepanowo-makowa masa, delikatny lukier i chrupiące orzeszki. Jesteśmy w raju!

Potrzebujemy:

Na ciasto
550 g mąki pszennej
20 g świeżych drożdży
1 szklanki ciepłego mleka
4 łyżek cukru pudru
1 cukru waniliowego
1 jajka
kilku kropli aromatu waniliowego lub migdałowego
1 łyżki spirytusu
50 g roztopionego masła
szczypty soli
i dodatkowo 150 g masła (miękkiego)

Na nadzienie
200 g maku (najlepiej białego, jest charakterystyczny dla tych rogali)
100 g mielonych migdałów
100 g masy marcepanowej (jest dostępna w każdym dobrze zaopatrzonym sklepie spożywczym)

garści skórki pomarańczowej

posypki cukierniczej typu krokant lub po prostu posiekanych
orzechów (np. laskowych i włoskich)

2 łyżek masła (miękkiego)

0,5 szklanki likieru pomarańczowego

Wszystkie składniki zagniatamy, ciasto formujemy w prostokąt i schładzamy przez godzinę w lodówce. Po tym czasie rozwałkowujemy je na
prostokąt o wymiarach 30 cm × 15 cm i dokładnie smarujemy masłem.
Następnie składamy na trzy części, znowu rozwałkowujemy i znowu składamy. Na koniec owijamy folią i wkładamy do lodówki na pół godziny.
Aby przygotować nadzienie, mak moczymy przez pół godziny w gorącej wodzie. Po tym czasie odcedzamy i dokładnie mieszamy z pozostałymi składnikami (masę marcepanową ucieramy na tarce).

Następnego dnia rozwałkowujemy ciasto na prostokąt o wymiarach
50 cm × 25 cm, przekrawamy na dwa mniejsze prostokąty wzdłuż
dłuższego boku i każdy prostokąt dzielimy na 5 kwadratów, a te z kolei na trójkąty. W sumie powinniśmy otrzymać 20 trójkątów. Każdy
z nich faszerujemy makiem i zwijamy w rożek – zaczynamy od naj-
szerszego boku w stronę wierzchołka. Nafaszerowane rogaliki odstawiamy na 20 minut w ciepłe miejsce, by nieco podrosły. Następnie
smarujemy je roztrzepanym jajkiem i wkładamy do piekarnika (180°C,
góra-dół) na 25 minut. Gdy nieco ostygną, polewamy lukrem (cukier
puder zmieszany z sokiem z cytryny) i posypujemy krokantem. Podajemy wspaniałe, lekko zrumienione.

Porzeczkowe muffinki

Świetne połączenie słodyczy z kwaskowatością czerwonych porzeczek. Takie muffinki nigdy się nie znudzą.

Potrzebujemy:

Na ciasto
około 150 g zmielonych migdałów
0,5 szklanki mąki kukurydzianej
0,5 szklanki mąki pszennej
2 łyżeczek proszku do pieczenia
1 szklanki cukru
1 cukru waniliowego
100 g jogurtu naturalnego
2 jajek
40 ml oleju
1 szklanki porzeczek

Na kruszonkę
3 łyżek masła
3 łyżek cukru
4 łyżek mąki

Aby przygotować ciasto, w jednym naczyniu mieszamy składniki suche, w drugim mokre i łączymy w całość, mieszając drewnianą łyżką (nie musimy używać miksera). Na koniec wsypujemy porzeczki. Ciasto nakładamy do foremek muffinkowych. Z wierzchu posypujemy kruszonką. Muffinki pieczemy w temperaturze 180°C przez około 25 minut. Podajemy ciepłe z filiżanką mocnej kawy.

Muffinki z coca-colą

Coś dla miłośników czekolady i coca-coli. Puszyste muffinki z dużą ilością kakao, coli i odrobiną nalewki wiśniowej. Nietrudno zgrzeszyć!

Potrzebujemy:
100 g mąki
150 ml coca-coli
100 ml oliwy
100 g cukru trzcinowego
1,5 łyżeczki proszku do pieczenia
4 płaskich łyżek kakao
2 jajek
2 łyżek nalewki wiśniowej

W jednej misce mieszamy składniki suche, w drugiej mokre. Następnie mokre wlewamy do suchych i szybko mieszamy drewnianą łyżką. Zamiast użyć tradycyjnych foremek muffinkowych, sami przygotowujemy z papieru do pieczenia tzw. papilotki i wlewamy do nich ciasto. Muffinki pieczemy 25 minut w temperaturze 200°C. Dzięki gazowanej coli są bardzo lekkie, puszyste i mokre.

Cytrynowo-waniliowe babeczki z truskawką

Bardzo delikatne i bardzo aromatyczne. Z zatopioną truskawką. Doskonałe na leniwe letnie popołudnie.

Potrzebujemy:
120 g masła
0,5 szklanki cukru
2 jajek
3/4 szklanki mąki pszennej
1 łyżeczki proszku do pieczenia
miąższu z 1 laski wanilii
soku z 1 cytryny
2 łyżek śmietanki kremówki (min. 30%)
12 dużych truskawek

Mąkę przesiewamy z proszkiem do pieczenia i odstawiamy na bok. W osobnej misce ucieramy masło, aż będzie jasne i puszyste. Wsypujemy do niego cukier i dalej ucieramy. Po chwili wbijamy jajka i dokładnie miksujemy. Następnie dodajemy miąższ z laski wanilii, sok z cytryny oraz śmietankę i całość mieszamy drewnianą łyżką. Formę na muffinki wykładamy papilotkami. Ciasto wlewamy do papilotek i do każdej wkładamy jedną truskawkę. Pieczemy w temperaturze 190°C przez 20–25 minut. Pod koniec pieczenia możemy sprawdzić wilgotność ciasta patyczkiem. Po wystudzeniu muffinki dekorujemy cukrem pudrem lub lukrem.

Drożdżowe ślimaki z nadzieniem rabarbarowo-truskawkowym

Drożdżówka z doskonałym owocowym nadzieniem. Do tego kubek zimnego mleka. Czy to nie jest idealny początek dnia?

Potrzebujemy:
500 g mąki pszennej
1 szklanki mleka
120 g roztopionego masła
100 g cukru
2 jajek
1 cukru waniliowego
szczypty soli
20 g świeżych drożdży

Ciasto wyrabiamy w maszynie lub ręcznie – najpierw dajemy składniki płynne, później sypkie i na końcu drożdże – i formujemy z niego kulę. Wkładamy ją do miski oprószonej mąką i odstawiamy do wyrośnięcia w ciepłe miejsce. Blachę wykładamy papierem do pieczenia. Z całego ciasta najpierw odrywamy kawałek – ok. 150-gramowy – i rozwałkowujemy go na prostokąt. Smarujemy dżemem, zostawiając po 2 cm z każdego boku. Z pozostałego ciasta rozwałkowujemy drugi prostokąt i nakładamy go na ten posmarowany. Zwijamy całość wzdłuż dłuższego boku i kroimy na 13–14 części.

Kruche tartaletki z owocami

Pomysł na lekki deser? Delikatne, kruche, maślane ciasto przełamane smakiem świeżych owoców. Do tego bita śmietana lub śmietankowy jogurt.

Potrzebujemy:
Na ciasto
200 g mąki
100 g masła
100 g cukru pudru
1 jajka

Na nadzienie
250 ml śmietanki kremówki (36%)
drobnych owoców: truskawek, borówek, malin...

Z wszystkich składników zagniatamy kruche ciasto, formujemy je w kulę i schładzamy przez pół godziny w lodówce. Po tym czasie rozwałkowujemy je i wykładamy nim foremki do ciasta. Jeśli mamy większe foremki, ciasta wystarczy na 4, jeśli małe – na 8–10 sztuk. Foremki metalowe smarujemy masłem i wysypujemy mąką. Tartaletki pieczemy minimum 15 minut (powinny się ładnie zrumienić) w temperaturze 180°C (góra-dół). Kiedy wystygną, możemy je nadziać samą bitą śmietaną, jogurtem lub serkiem albo przyozdobić ich wierzch owocami – truskawkami, borówkami, poziomkami, malinami.

Muffinki z mandarynkami

Puszyste muffinki z zatopionymi mandarynkami lub pomarańczami, czyli smakołyk dla wielbicieli słodyczy i owoców cytrusowych. Dzięki dodatkowi jogurtu muffinki są niezwykle lekkie i delikatne.

Potrzebujemy:
2 szklanek mąki
1 szklanki cukru
2 łyżeczek proszku do pieczenia
250 ml jogurtu
70 ml oleju
2 jajek
4 mandarynek

W jednym naczyniu mieszamy przesianą mąkę z cukrem i proszkiem do pieczenia, a w drugim jogurt z olejem i roztrzepanymi jajkami. Składniki sypkie dodajemy do płynnych i mieszamy tak, aby wszystko się połączyło. Obrane i podzielone na cząstki mandarynki wsypujemy do masy. Całość delikatnie mieszamy. Formę do muffinek wykładamy papilotkami i napełniamy ciastem prawie do pełnej wysokości. Pieczemy w piekarniku rozgrzanym do 190°C przez około 25 minut.

Muffinki pomarańczowe

Uwielbiam pomarańcze. Ich kolor, fakturę, zapach i smak. W połączeniu z delikatną muffinką smakują wybornie.

Potrzebujemy:
250 g mąki pszennej
2 łyżeczek proszku do pieczenia
170 g cukru trzcinowego
140 ml kwaśnej śmietany
125 ml oleju
1 łyżki miodu
2 jajek
2 pomarańczy (obranych i pokrojonych w kosteczkę)
trochę brązowego cukru do posypania babeczek

W jednym naczyniu mieszamy składniki suche: mąkę, proszek do pieczenia, cukier, a w drugim płynne: olej, roztrzepane jajka, śmietanę i miód, a następnie wszystko łączymy. Całość mieszamy krótko, do połączenia składników. Na koniec dodajemy pokrojone pomarańcze. Formę do muffinek wykładamy papilotkami i przekładamy do nich ciasto. Każdą muffinkę posypujemy brązowym cukrem. Pieczemy je w temperaturze 200°C przez 20–25 minut (pod koniec pieczenia ich wilgotność możemy sprawdzić patyczkiem).

Miodowe ciasteczka pszczółki

Kruche, chrupiące ciasteczka o bajecznym kształcie pszczółki z dobranocki. Oczywiście z dodatkiem pysznego miodu prosto z pasieki.

Potrzebujemy:

Na ciasto
350 g mąki
1 jajka
50 g masła
100 g miodu
szczypty soli
1 łyżeczki sody lub 3 płaskich łyżeczek proszku do pieczenia

Na lukier
1 szklanki cukru pudru
około 2 łyżek soku z cytryny
odrobiny żółtego barwnika lub szczypty kurkumy
dla nadania żółtego koloru
1 łyżki kakao (by otrzymać ciemnobrązowy lukier na ciemne paski)

Z wszystkich składników zagniatamy gładkie ciasto, które rozwałkowujemy dość cienko. Foremką wycinamy pszczółki. Pieczemy je około 12 minut w temperaturze 170°C. Dekorujemy lukrem (sok z cytryny zmieszany z cukrem pudrem). Aby uzyskać żółtą barwę, dodajemy żółty barwnik spożywczy lub odrobinę kurkumy. Brązową barwę, na paski, uzyskamy, dosypując łyżkę kakao. Pszczele paski tworzymy z dwóch kolorów lukru. Oczka robimy z posypki cukierniczej lub małych kawałeczków ciemnej czekolady.

Pierniczki

Święta bez pierniczków? Niemożliwe. Boże Narodzenie musi pachnieć cynamonem, kardamonem i goździkami. I taki właśnie aromat mają nasze pierniczki.

Potrzebujemy:
600 g mąki
300 g miodu
100 g drobnego cukru lub cukru pudru
150 g roztopionego masła
1 jajka
1,5 łyżeczki sody oczyszczonej
1 opakowania przyprawy do pierników

Wszystkie składniki mieszamy mikserem lub maszyną do wyrabiania ciasta, aż powstanie jednolita masa. Następnie rozwałkowujemy ciasto (jest bardzo miękkie, trochę klejące, więc podsypujemy je mocno mąką) i wykrawamy z niego różne wzory. Pierniczki pieczemy w temperaturze 180°C przez około 10 minut. Sposób ich ozdabiania pozostawiam już waszej wyobraźni.

Babeczki kawowe

Coś dla prawdziwych kawoszy. Mięciutkie babeczki z dodatkiem kawy i gorzkiej czekolady. A co do nich? Kawa, oczywiście!

Potrzebujemy:
150 g mąki pszennej
30 g kakao
4 łyżek kawy rozpuszczalnej w proszku
0,5 łyżeczki proszku do pieczenia
2 jajek
3/4 szklanki mleka
70 ml oleju
70 g gorzkiej roztopionej czekolady
0,5 szklanki cukru białego
0,5 szklanki cukru trzcinowego
3 łyżek likieru kawowego

W jednym naczyniu mieszamy mąkę, kakao, kawę, proszek do pieczenia i sodę oczyszczoną, w drugim – jajka, mleko, olej, cukry, likier kawowy i roztopioną gorzką czekoladę. Po dokładnym wymieszaniu składniki suche dodajemy do płynnych. Całość dokładnie mieszamy. Formę do muffinek wykładamy papilotkami i wypełniamy je ciastem prawie do pełna. Babeczki pieczemy w temperaturze 170°C przez 25 minut lub dłużej (pod koniec pieczenia ich wilgotność możemy sprawdzić patyczkiem). Po wyjęciu oprószamy delikatnie bardzo niewielką ilością rozpuszczalnej kawy, ewentualnie zmieszanej z dobrym kakao.

Babeczki z zieloną herbatą

W Azji bardzo często do wypieków dodaje się liście zielonej herbaty. Spróbujcie koniecznie sami!

Potrzebujemy:
200 g mąki pszennej (może być mieszana z razową)
2 łyżek masła
1 niepełnej szklanki mleka
1 łyżki soku z cytryny
3 łyżeczek zielonej herbaty (delikatne liście, bez łodyg)
1,5 łyżeczki proszku do pieczenia
1 jajka
2 łyżek miodu
szczypty soli
skórki otartej z 1 cytryny

Jajko miksujemy z mlekiem, roztopionym i ostudzonym masłem oraz miodem. Następnie dosypujemy powoli połączone już wcześniej i wymieszane suche składniki: przesianą mąkę, proszek do pieczenia i sól. Wrzucamy jeszcze skórkę z cytryny i całość dokładnie mieszamy. Ciasto nakładamy łyżką do foremek lub papilotek (podwójnych) i pieczemy w temperaturze 180°C przez około 30 minut.

Babeczki czekoladowe z sercem z białej czekolady

Uwielbiam smakołyki, które kryją w sobie niespodziankę...

Potrzebujemy:
2 jajek
50 g kakao
100 g drobnego cukru
1 niepełnej szklanki mleka
230 g mąki pszennej
1 łyżeczki proszku do pieczenia
0,5 łyżeczki sody oczyszczonej
125 g masła (miękkiego)
1,5 tabliczki białej czekolady
oleju rzepakowego lub masła do wysmarowania foremek
ewentualnie 1 łyżki śmietanki (do polewy)

Miksujemy razem masło, jajka, mleko oraz przesiane kakao wymieszane z cukrem. Powoli wsypujemy mąkę połączoną wcześniej z proszkiem do pieczenia i sodą. Foremki smarujemy tłuszczem. Do każdej wlewamy maksymalnie 1 cm ciasta, układamy na nim kostkę białej czekolady i przykrywamy ją drugą warstwą masy. Babeczki pieczemy około 30 minut w temperaturze 180°C. Jeżeli nie zużyjemy całej czekolady, możemy ją roztopić ze śmietanką i użyć jako polewy na babeczki.

Tartaletki karmelowe

Idealne ciasteczka na chandrę. Słodkie, karmelowe i pachnące krówkami. Już po zjedzeniu jednej, zły humor mija jak za dotknięciem czarodziejskiej różdżki.

Potrzebujemy:

Na ciasto

200 g mąki
100 g masła
70 g cukru pudru
1 jajka

Na masę karmelową

1 puszki gotowego kajmaku lub 500 g roztopionych krówek

Do dekoracji

kilku migdałów

Ze wszystkich składników zagniatamy kruche ciasto. Formujemy je w kulę i chłodzimy przez pół godziny w lodówce. Po tym czasie rozwałkowujemy i wykładamy nim foremki do ciasta. Jeśli mamy większe, wystarczy na 4, jeśli małe – na 8–10 sztuk. Foremki metalowe smarujemy masłem i wysypujemy mąką. Tartaletki pieczemy minimum 15 minut (powinny ładnie się zrumienić) w temperaturze 180°C (góra-dół). Następnie nakładamy do nich nadzienie kajmakowe i dodatkowo dekorujemy, np. migdałami.

Eklerki czekoladowe

Klasyczne ciastko PRL-u. Fajnie, że nie zniknęło. Leciutki eklerek z pysznym kremem czekoladowym, zanurzony w lukrze albo czekoladzie. Smak wspomnień.

Potrzebujemy:
Na ciasto
1 szklanki wody (250 ml)
125 g masła
1 szklanki mąki pszennej
4 jajek

Na krem
9 żółtek
160 g drobnego cukru
60 g mąki pszennej
650 ml mleka
3 łyżek kakao

Wodę zagotowujemy z masłem i na gotującą się wsypujemy mąkę pszenną, mocno mieszając, by całość się nie przypaliła. Ciasto jest gotowe, gdy ma szklisty wygląd i odchodzi od ścianek garnka. Zostawiamy je do ostygnięcia. Ostudzone miksujemy z jajkami. Na blachę wyłożoną papierem do pieczenia wyciskamy (za pomocą rękawa cukierniczego) podłużne eklery o długości 8–10 cm. Rozmieszczamy je w dużych odstępach, bo ciasto mocno rośnie. Eklerki pieczemy w temperaturze 200°C przez 20–30 minut. Po upieczeniu studzimy i przekrajamy wzdłuż.

Żółtka, cukier, mąkę oraz 100 ml mleka miksujemy blenderem. Resztę mleka mieszamy z kakao i zagotowujemy. Na wrzące mleko wylewamy masę żółtkową i całość gotujemy, aż zgęstnieje. Gotowy krem studzimy i schładzamy. Eklerki nadziewamy kremem i łączymy. Polewamy lukrem (woda zmieszana z cukrem pudrem) lub rozpuszczoną czekoladą.

Kostka chałwowa

Z czego zrobiona jest chałwa? Często się zastanawiałam, od czego pochodzi jej oryginalny smak. I zawsze marzyłam, żeby kiedyś przyrządzić ją samodzielnie.

Potrzebujemy:
150 g sezamu
8–10 daktyli
miodu do smaku (opcjonalnie)

Daktyle zalewamy wodą, najlepiej na noc, następnie odsączamy i częściowo odciskamy wodę z sokiem (spróbujcie, jak on smakuje!). Sezam prażymy na patelni dosłownie 3 minuty. Mielimy go w robocie lub młynku do kawy (można też ewentualnie rozgnieść starannie w moździerzu). Następnie miksujemy razem z daktylami. Próbujemy, czy masa jest wystarczająco słodka – jeśli nie, dodajemy odrobinę miodu. Płytkie naczynie wykładamy folią spożywczą. Wkładamy do niego masę i ugniatamy. Schładzamy w lodówce. Kroimy w dowolne kształty.

Chałwa czekoladowa

Chałwa i czekolada – to połączenie jest tak kuszące, że nie sposób mu się oprzeć.

Potrzebujemy:
150 g sezamu
8–10 daktyli
2 łyżek kakao
1 laski wanilii
miodu do smaku (opcjonalnie)

Daktyle zalewamy wodą, najlepiej na noc, następnie odsączamy i częściowo odciskamy wodę z sokiem. Sezam prażymy na patelni dosłownie 3 minuty. Mielimy go w robocie lub młynku do kawy (można też ewentualnie rozgnieść starannie w moździerzu). Następnie dodajemy do niego przesiane kakao i dokładnie mieszamy. Miksujemy razem z daktylami oraz miąższem z laski wanilii. Dosładzamy miodem, jeśli trzeba (gorzkie kakao może sprawić, że dosłodzenie będzie konieczne, choć to zależy od upodobania). Płytkie naczynie wykładamy folią spożywczą. Wkładamy do niego masę i ugniatamy. Schładzamy w lodówce. Kroimy w dowolne kształty.

Bezy w kształcie serca

Świetne, chrupiące, idealne do dekoracji wszelkich deserów lub musów owocowych.

Potrzebujemy:
białek z 4 jajek
szczypty soli
200 g cukru pudru

Jajka koniecznie muszą być świeże – najlepiej, jeśli są od szczęśliwych kur z wolnego wybiegu. Białka ubijamy z solą i dopiero kiedy piana jest sztywna, zaczynamy dosypywać cukier, w 2–3 porcjach. Całość miksujemy tak długo, aż powstanie gęsty, bardzo słodki krem.

Aby bezom nadać fantazyjny kształt, możemy użyć specjalnej szprycy lub małego, czystego woreczka przeznaczonego do celów spożywczych (np. do mrożonek). Nakładamy do niego kilka łyżek masy, obcinamy narożnik i wyciskamy dowolne wzory – serca, domki, kwiatki, ślimaki, co tylko przyda się do dekoracji czegokolwiek i z jakiejkolwiek okazji. Wyciskanie drobnych wzorów cienkimi wężykami, zamiast wylewania wielkich kleksów, powoduje, że bezy lepiej się pieką. Przez powstałe drobne przerwy powietrze dotrze do każdej warstwy większych okazów. Po prostu ideał.

Blachę wykładamy pergaminem do pieczenia. Bezy pieczemy w temperaturze 140°C (ważne, aby to był obieg powietrza, a nie ostro grzejąca grzałka), w przypadku średnich bezików – przez 30 minut.

Bezy kawowe

Nie lubię, gdy bezy są zbyt słodkie. Te złamane delikatnie aromatem mocnej kawy uważam za najlepsze.

Potrzebujemy:
białek z 4 jajek
szczypty soli
200 g cukru pudru
1–2 łyżeczek kawy rozpuszczalnej

Białka ubijamy z solą i dopiero kiedy piana jest absolutnie, doskonale sztywna, zaczynamy dosypywać cukier, w 2–3 porcjach. Całość miksujemy tak długo, aż powstanie gęsty, słodki krem. Kawę rozcieramy, pozbywając się grudek, i dodajemy powoli na samym końcu, mieszając. W zależności od tego, jaki smak chcemy uzyskać, możemy dodać więcej kawy. Za pomocą szprycy lub woreczka z obciętym rogiem na blachę wyłożoną pergaminem wyciskamy z masy dowolne kształty. Bezy pieczemy w temperaturze 140°C (ważne, aby to był obieg powietrza, a nie ostro grzejąca grzałka), w przypadku średnich bezików – przez 30 minut.

Bezy z sezamem

Zaskakujący dodatek – aromatyczny sezam w delikatnych bezach.

Potrzebujemy:
białek z 4 jajek
szczypty soli
2–3 łyżek sezamu
200 g cukru pudru

Białka ubijamy z solą. Cukier – w 2–3 porcjach – zaczynamy dosypywać dopiero, kiedy piana stanie się absolutnie sztywna. Całość miksujemy tak długo, aż powstanie gęsty krem. Dodajemy do niego sezam – idealnie jest, jeśli mamy możliwość zmielenia jego części, wtedy bezy będą bardziej aromatyczne. Szprycą lub woreczkiem z odciętym narożnikiem wyciskamy z niego na blaszce dowolne kształty. Bezy pieczemy w temperaturze 140°C (obieg powietrza, a nie ostro grzejąca grzałka), w przypadku średnich bezików – przez 30 minut.

Lembasy z migdałami

Lembasy to ciastka wytwarzane przez elfy z powieści „Władca Pierścieni". Nie zawierają cukru i tłuszczu, a więc można je zajadać z czystym sumieniem! Są idealne także w podróży.

Potrzebujemy:
2 szklanek mąki pszennej
1 łyżeczki proszku do pieczenia
1 jajka
1/3 szklanki mleka
3 łyżek miodu
garści płatków migdałów

Mąkę przesiewamy i mieszamy z proszkiem do pieczenia. Wbijamy do niej całe jajko, dodajemy miód i mleko. Całość mieszamy. Na koniec wrzucamy migdały i ugniatamy ciasto dłonią. Przekładamy je na blat lub dużą deskę i wyrabiamy, podsypując delikatnie mąką, aż da się formować i rozwałkować (na grubość około 0,5 cm lub mniej). Wycinamy z niego prostokąty, które układamy na blasze wyłożonej papierem (powyższe proporcje powinny idealnie wystarczyć na jedną blachę). Ciastka pieczemy w temperaturze 170°C, aż zaczną się rumienić.

Lembasy z makiem i suszonymi morelami

To nieco bardziej wykwintna, owocowa wersja prostych lembasów.

Potrzebujemy:
2 szklanek mąki pszennej
1 łyżeczki proszku do pieczenia
1 jajka
1/3 szklanki mleka
3 łyżek miodu
2 łyżek maku
2–3 łyżek suszonych moreli

Mąkę przesiewamy i mieszamy z proszkiem do pieczenia. Wbijamy do niej całe jajko, dodajemy miód i mleko. Całość mieszamy. Na koniec wsypujemy mak oraz pokrojone na mniejsze kawałki morele i ugniatamy ciasto dłonią. Przekładamy je na blat lub dużą deskę i wyrabiamy, podsypując delikatnie mąką, aż da się formować i rozwałkować (na grubość około 0,5 cm lub mniej). Wycinamy z niego prostokąty, które układamy na blasze wyłożonej papierem (powyższe proporcje powinny idealnie wystarczyć na jedną blachę). Ciastka pieczemy w temperaturze 170°C, aż zaczną się rumienić.

Lembasy wytrawne z ziołami

Aromatyczna, popołudniowa przekąska dla tych, którzy nie przepadają za bardzo słodkimi wypiekami.

Potrzebujemy:
2 szklanek mąki pszennej
1 łyżeczki proszku do pieczenia
1 jajka
1/3 szklanki mleka
2–3 łyżek miodu
dowolnych suszonych ziół, np. oregano i tymianku

Mąkę przesiewamy i mieszamy z proszkiem do pieczenia. Wbijamy do niej całe jajko, dodajemy miód i mleko. Całość mieszamy i ugniatamy dłonią. Na koniec wsypujemy zioła. Z miodową nutą prawdopodobnie najlepiej komponuje się tymianek i oregano. Ciasto przekładamy na blat lub dużą deskę i wyrabiamy, podsypując delikatnie mąką, aż da się formować i rozwałkować (na grubość około 0,5 cm lub mniej). Wycinamy z niego prostokąty, które układamy na blasze wyłożonej papierem (powyższe proporcje powinny idealnie wystarczyć na jedną blachę). Ciastka pieczemy w temperaturze 170°C, aż zaczną się rumienić.

Anyżki

Elektryzują zapachem, który rozchodzi się po całym domu.

Potrzebujemy:
200 g cukru pudru
2 jajek
200 g mąki
1 łyżeczki zmielonego anyżu (można utrzeć w moździerzu)
szczypty proszku do pieczenia

Cukier dzielimy na dwie części: z jedną ubijamy białka, a z drugą – na jasną masę – ucieramy żółtka. Obie masy delikatnie łączymy. Następnie porcjami dodajemy przesianą mąkę, zmieszaną wcześniej z anyżem i proszkiem do pieczenia. Za pomocą szprycy lub woreczka z obciętym rogiem na blaszkę wyłożoną pergaminem wyciskamy małe kleksy. Zostawiamy je na kilka godzin w temperaturze pokojowej. Dopiero wtedy pieczemy w temperaturze 140°C (używając termoobiegu) przez około 12 minut.

Ciasteczka owsiane bez pieczenia

Składniki banalne, efekt smakowity. Pyszne, dlatego nie zawsze udaje się im doczekać, aż zupełnie ostygną.

Potrzebujemy:
80 g masła
20 g kakao
170 g cukru pudru
200 g płatków owsianych
3 łyżek mleka
kilku kropli aromatu waniliowego

Masło topimy w garnku i dodajemy do niego mleko. Podgrzewamy. Następnie wsypujemy przesiane kakao wymieszane z cukrem (aby uniknąć tworzenia się grudek). Do płynnej, gorącej masy wrzucamy płatki. Całość mieszamy i dodajemy aromat waniliowy. Podgrzewamy jeszcze 2–3 minuty, mieszając. Na blachę tub tacę wyłożoną pergaminem wykładamy małe kleksy – dla ułatwienia najlepiej łyżką zanurzaną w międzyczasie w zimnej wodzie (wtedy masa łatwiej od niej odchodzi). Odstawiamy na 2–3 godziny.

Oponki serowe

Podobne do „gniazdek" z jarmarków bożonarodzeniowych, jednak delikatniejsze, domowe, pyszne...

Potrzebujemy:
150 g drobno mielonego twarogu
0,5 szklanki gęstej, kwaśnej śmietany
1 jajka
1 cukru waniliowego
4 łyżek cukru
5 łyżek oleju
3 łyżek mleka
2 szklanek mąki pszennej
1 opakowania proszku do pieczenia (15 g)
kilku kropli aromatu rumowego
oleju rzepakowego do głębokiego smażenia
cukru pudru

Miksujemy razem: twaróg, śmietanę, cukier, cukier waniliowy, jajko, mleko, aromat rumowy i olej. Przesianą przez gęste sito mąkę dosypujemy powoli, ciągle miksując. Na tym etapie może być konieczne wymienienie końcówek miksera na spirale, które zdołają wymieszać gęstą masę.

Ciasto przekładamy na stolnicę, wyrabiamy starannie, aby było jednolite i sprężyste. Rozwałkowujemy, podsypując mąką, na grubość około 0,5 cm. „Oponki" wycinamy foremkami o dwóch różnych średnicach (lub szklanką i kieliszkiem). Wkładamy delikatnie do garnka z rozgrzanym tłuszczem. Obracamy w trakcie smażenia. Cedzakiem wyjmujemy na ręczniki papierowe, aby odsączyć częściowo z tłuszczu. Posypujemy cukrem pudrem.

Ciasteczka z polewą czekoladową

Pyszne, kruche, klasyczne.

Potrzebujemy:
85 g masła
150 g mąki
0,5 szklanki cukru
1 jajka
30 g otrębów
1 łyżeczki proszku do pieczenia
1 tabliczki czekolady, najlepiej gorzkiej (do przygotowania polewy)
3–4 łyżek śmietanki kremówki (min. 30%)

Miękkie masło ucieramy z cukrem za pomocą miksera. Dodajemy jajko, otręby oraz mąkę przesianą przez gęste sito i wymieszaną z proszkiem do pieczenia. Dłonią wyrabiamy starannie ciasto. Formujemy małe krążki i układamy na blasze wyłożonej pergaminem. Pieczemy w temperaturze 180°C przez 15–20 minut. Studzimy.
Czekoladę kruszymy i topimy w podgrzanej w małym garnuszku śmietance. Podgrzewamy 2–3 minuty, mieszając. Masę wylewamy na każde ciastko łyżeczką lub zanurzamy w niej kolejno krążki. Ciastka odkładamy, aby czekolada stężała.

Ciasteczka z batonów

Jeśli gotowe batony wydają się wam zbyt słodkie, to możecie sobie z tym łatwo poradzić, stosując wyraziste, najlepiej chrupiące dodatki, takie jak wafle lub prażone płatki migdałów.

Potrzebujemy:
4 małych czekoladowych batonów (np. „Milky Way" lub „Mars")
1/4 kostki masła
0,5 szklanki prażonych płatków migdałów

W małym garnuszku topimy masło, następnie dodajemy pokrojone lub pokruszone batony. Masę dalej podgrzewamy. Kiedy stanie się gładka i jednolita, dorzucamy uprażone na suchej patelni płatki migdałów. Mieszamy. Masę wykładamy łyżką do małych foremek lub w podwójnie złożone papilotki. Wstawiamy do lodówki na przynajmniej godzinę, aby się dobrze schłodziły i zastygły.

Makaroniki migdałowo-czekoladowe

Makaroniki – obowiązkowe w każdej dobrej cukierni.

Potrzebujemy:
200 g płatków migdałów
białek z 2 jajek
30 g kakao
175 g cukru pudru

Białka ubijamy na sztywną pianę, dodajemy stopniowo cukier wymieszany z kakao i dalej ubijamy. Wrzucamy drobno zmielone migdały. Po otrzymaniu jednolitej, sztywnej masy, wyjmujemy łyżką małe porcje i dłońmi zanurzanymi w zimnej wodzie formujemy kulki wielkości orzechów. Układamy je na blasze wyłożonej pergaminem i pieczemy około 10 minut w temperaturze 190–200°C.

Makaroniki orzechowe

Słodycz z orzechami. Nikt się temu nie oprze.

Potrzebujemy:
300 g mielonych orzechów laskowych
białek z 3 jajek
200 g mielonych migdałów
100 g bardzo drobnych lub pokrojonych rodzynek

300 g cukru
cukru pudru do posypania

Orzechy i migdały prażymy na suchej patelni, zdejmujemy z ognia i studzimy. Ubijamy białka z cukrem, dodajemy orzechy, migdały i rodzynki. Masę wstawiamy na godzinę do lodówki. Następnie na stolnicy rozwałkowujemy ją między dwiema warstwami folii spożywczej. Odrywamy delikatnie górną warstwę folii i kroimy makaroniki na małe kawałki – około 3 cm × 3 cm. Pieczemy na blasze wyłożonej pergaminem, aż osiągną złoty kolor, w temperaturze 180°C. Ostudzone posypujemy cukrem pudrem.

Bomby rumowe

Zawsze myślałam, że to wykwintny smakołyk. Dlatego sposób wyrobu bomb rumowych, czyli wykorzystanie cukierniczych resztek i okruchów, był dla mnie sporym zaskoczeniem. Nie przestałam ich jednak przez to lubić!

Potrzebujemy:
Na ciasto
0,5 kg dowolnego ciasta lub ciastek
1/4 szklanki mleka
1/4 szklanki cukru
1/4 kostki masła (z dużej, 250-gramowej kostki)
1/3 szklanki daktyli lub rodzynek

150–200 g słodkiej konfitury
kilku kropli aromatu rumowego
2 łyżek rumu
2 łyżek kakao

Na polewę i posypkę
100 g gorzkiej czekolady
3 łyżek śmietanki (min. 30%)
wiórków kokosowych (jako posypki)

W małym garnku łączymy roztopione masło, mleko oraz kakao wymieszane z cukrem. Zagotowujemy i od razu zestawiamy. Ostudzoną masę wlewamy do miski. Wrzucamy pokruszone starannie ciastka lub ciasto. Dodajemy aromat, rum, konfiturę, pokrojone daktyle lub rodzynki. Całość zagniatamy. Jeśli masa będzie zbyt rzadka, możemy dodać jeszcze więcej pokruszonych, suchych ciastek. Ciasto schładzamy w lodówce. Formujemy spore kulki, które zanurzamy w polewie czekoladowej przygotowanej z czekolady roztopionej ze śmietanką i posypujemy wiórkami kokosowymi lub dowolną inną posypką. Ponownie schładzamy w lodówce.

Sakiewki z ciasta francuskiego z gruszkami

Gruszka idealnie komponuje się z maślanym aromatem ciasta francuskiego.

Potrzebujemy:
1 opakowania gotowego ciasta francuskiego
dojrzałych, ale raczej twardych gruszek
cukru pudru
odrobiny kardamonu

Ciasto francuskie rozmrażamy, rozwijamy i wycinamy z niego kwadraty o boku około 7 cm. Na każdym z nich układamy kawałek gruszki, który posypujemy kardamonem. Rogi kwadratu zbieramy i sklejamy ze sobą na środku, tworząc sakiewkę. Pieczemy w temperaturze 200°C (lub jak podano na opakowaniu ciasta) na złoty kolor. Posypujemy cukrem pudrem.

Ruloniki z ciasta francuskiego z makiem

Kruche, aromatyczne. Spróbujecie, zanim całkiem ostygną…

Potrzebujemy:
1 opakowania gotowego ciasta francuskiego
0,5 szklanki maku
kilku kropli aromatu rumowego
1 łyżki rodzynek
3 łyżek miodu
cukru pudru

Mak moczymy w mleku kilka godzin. Następnie płuczemy w wodzie i odsączamy. Mielimy trzykrotnie i łączymy z dodatkami: posiekanymi rodzynkami, miodem i kilkoma kroplami aromatu. Ewentualnie możemy użyć gotowej masy makowej.

Ciasto francuskie rozmrażamy i rozwijamy. Wycinamy prostokąty o wielkości około 4 cm × 6 cm. Na połowie prostokąta nakładamy cienką warstwę masy makowej i zwijamy go w rulonik. Na końcu ciasto starannie zaklejamy, żeby się nie rozwinęło. Ruloniki pieczemy w temperaturze 200°C (lub jak podano na opakowaniu ciasta) na złoty kolor. Posypujemy cukrem pudrem.

Placek z rabarbarem i kruszonką

Placek z serii kolonijnych. Prosty, smaczny, ze świeżymi owocami i obowiązkową kruszonką. Kruszonkę zawsze zjadało się jako pierwszą, a potem wydłubywało owoce.

Potrzebujemy:
Na ciasto
1 kostki masła
1 szklanki cukru
1 opakowania cukru waniliowego
4 jajek
1 łyżeczki proszku do pieczenia
2 szklanek mąki
rabarbaru pokrojonego w kostkę

Na kruszonkę
4 łyżek mąki
3 łyżek cukru
20 g masła

Jajka ucieramy z cukrem i cukrem waniliowym. Ciągle mieszając, dodajemy mąkę i proszek. Na koniec wlewamy roztopione masło. Całość delikatnie mieszamy. Ciasto wylewamy na blaszkę wyłożoną pergaminem. Na wierzch wykładamy rabarbar. Z mąki, cukru i masła przygotowujemy kruszonkę i posypujemy nią wierzch. Ciasto pieczemy około 40 minut w temperaturze 170°C.

Cynamonowo-imbirowe placki dyniowe

Cynamon i imbir to bardzo egzotyczne połączenie, zmysłowe, zniewalające. Te aromaty w smażonych plackach są zaskakujące, a efekt jest bardzo smakowity.

Potrzebujemy:

1 kg dyni (obranej, bez pestek)

2 jajek

4 łyżek mąki ziemniaczanej

1 łyżeczki cynamonu

mniej niż 0,5 łyżeczki drobno startego imbiru

dobre 0,5 łyżeczki proszku do pieczenia

oleju do smażenia

cukru pudru

Dynię ścieramy na tarce na drobnych oczkach. Do masy dodajemy drobniutko starty imbir, a następnie wymieszane suche składniki i żółtka jaj. Całość mieszamy dłonią. Białka ubijamy na pianę z odrobiną soli. Łączymy je delikatnie z ciastem. Na rozgrzany tłuszcz wykładamy łyżką małe placuszki. Smażymy je „na rumiano" z obu stron. Odkładamy na chwilę na ręczniki papierowe, aby pozbyć się nadmiaru tłuszczu. Podajemy z cukrem pudrem lub innymi słodkimi dodatkami.

Bustrengo jabłkowo-figowe z sosem jogurtowym i kardamonem

Włoski specjał, który pachnie jak lipcowa Toskania zamknięta w naszej formie na ciasto.

Potrzebujemy:

Na ciasto
100 g mąki kukurydzianej
100 g brązowego cukru
200 g mąki pszennej
100 g bułki tartej
0,5 łyżeczki cynamonu
500 ml mleka (3,2%)
3 jajek
100 g miodu
50 ml oleju rzepakowego
owoców: 100 g rodzynek, 150–200 g suszonych fig
(100 g do ciasta i 50–100 g do dekoracji), 0,5 kg twardych jabłek
skórki z 2 pomarańczy
łyżeczki soli

Na sos
1 jogurtu greckiego (500 ml)
brązowego cukru i kardamonu (ilości aż do osiągnięcia ulubionego
stężenia słodyczy i aromatu – ja daję dosłownie 2–3 szczypty
kardamonu na duży jogurt)

Spodziewajcie się ciężkiego, wilgotnego, bardzo owocowego wypieku. Najpierw mieszamy suche składniki (mąka kukurydziana, cukier, przesiana mąka pszenna, bułka tarta, cynamon, sól) i stopniowo dodajemy do nich ubite jajka połączone z olejem i miodem. Następnie wrzucamy pokrojone w kostkę (obrane oczywiście) jabłka, kawałki fig i rodzynki oraz skórkę z pomarańczy. Po wymieszaniu ciasto wlewamy do formy (20 cm × 30 cm) wysmarowanej olejem lub masłem. Pieczemy około 50 minut w temperaturze 180°C. Podajemy koniecznie ciepłe! Najlepiej z plasterkami suszonych fig, lekko posypane brązowym cukrem i z odrobiną sosu jogurtowego.

Czarny bez w cieście

To jest po prostu fantastyczna niespodzianka. Kwiaty w cieście!

Potrzebujemy:
białych, w pełni rozwiniętych kwiatów czarnego bzu
ciasta naleśnikowego
oleju rzepakowego do smażenia (dość głębokiego)
cukru pudru lub np. musu truskawkowego
(owoce zmiksowane blenderem)

Baldachimy czarnego bzu ścinamy tak, żeby został kawałek łodyżki, i chowamy do torby z materiału (w foliowym worku zwiędną). Następnie rozkładamy je na kartkach papieru lub gazetach, żeby pozbyć się owadów.

W międzyczasie przygotowujemy ciasto naleśnikowe. Aby przyrządzić naszą potrawę, chwytamy kwiatek za „ogonek", maczamy go w cieście, pozwalamy, żeby część ciasta ściekła z powrotem do miski (kwiaty nie mogą być zbyt grubo oklejone), i kładziemy delikatnie na rozgrzany, dość głęboki tłuszcz. Smażymy chwilę, obracamy (jeśli nie był zanurzony cały kwiat). Wykładamy na ręczniki papierowe, aby odsączyć z nadmiaru tłuszczu. Podajemy z musem truskawkowym lub posypane cukrem pudrem.

Ciasto marchewkowe z ananasem

Marchewka jako składnik ciasta potrafi uśpić czujność i sumienie... Zawsze mi się wydaje, że takie ciasto można jeść bez ograniczeń.

Potrzebujemy:
Na ciasto
2 szklanek startej marchewki (drobne oczka)
2 szklanek posiekanych orzechów włoskich (dobrze radzę kupić już posiekane, żeby ta pierwsza próba zrobienia ciasta marchewkowego nie była ostatnią)
1 szklanki posiekanych twardych owoców
(np. ananasa, może być odsączony z puszki)
składników suchych: 1 i 1/3 szklanki mąki pszennej, 1 szklanki cukru, 2 łyżeczek sody oczyszczonej, 1,5 łyżeczki proszku do pieczenia, 2 łyżeczek cynamonu, 2 szczypt soli
składników mokrych: 2/3 szklanki oleju rzepakowego, 4 jajek

Na krem
300–400 g białego serka „Philadelphia"
1/4 kostki masła
1,5 szklanki cukru pudru
1 opakowania cukru waniliowego

Jajka roztrzepujemy widelcem i mieszamy z olejem. W osobnym naczyniu łączymy suche składniki. Następnie w dużej misce mieszamy jedne i drugie, dodajemy też marchewkę, orzechy i ananasa. Jeśli lubicie bardziej korzenne aromaty, to właśnie w tym cieście zatopią się z rozkoszą także np. starte na pył goździki. Głęboką blachę wykładamy papierem do pieczenia. Ciasto pieczemy w temperaturze 175°C przez 40 minut. Składniki kremu mieszamy (konieczne jest, aby miały temperaturę pokojową), aż powstanie gładka masa. Ciasto smarujemy dopiero, gdy wystygnie.

Puszyste ciasto marchewkowe

W tej wersji ciasto marchewkowe jest genialnie lekkie i puszyste. Uwielbiam je!

Potrzebujemy:
Na ciasto
2 szklanek mąki
2 szklanek cukru
1 czubatej łyżeczki proszku do pieczenia
1 czubatej łyżeczki sody oczyszczonej

1 czubatej łyżeczki cynamonu
4 szklanek marchewki (startej na drobnych oczkach tarki)
4 jajek

Na krem
300–400 g serka „Philadelphia"
1/4 kostki masła
1,5 szklanki cukru pudru
1 opakowania cukru waniliowego

Najpierw mieszamy suche składniki, następnie dodajemy kolejno: marchew, olej i całe jajka. Otrzymaną masę pieczemy około 40 minut w temperaturze 180°C. Składniki kremu łączymy (konieczne jest, aby miały temperaturę pokojową), aż powstanie gładka masa. Ciasto smarujemy dopiero, kiedy wystygnie.

Bakaliowe, wegańskie brownie

Nigdy nie mogłabym wyrzucić ciasta tylko dlatego, że powstał w nim zakalec. Czasem jednak zakalec jest celem samym w sobie. Dlatego odrzucamy nie tylko proszek do pieczenia, lecz także mąkę!

Potrzebujemy:
1 szklanki orzechów nerkowca
1 szklanki pokrojonych daktyli (każdy na 4–6 części, po prostu małe plasterki, które ułatwią później łączenie składników)

1 czubatej łyżki kakao
1 płaskiej łyżki mielonego siemienia lnianego
1 łyżki wiórków kokosowych
4 łyżek miodu

Orzechy nerkowca mielimy w mikserze dzbankowym albo prawie na mąkę, albo zostawiając drobne kawałeczki. Wrzucamy do nich siemię lniane i kakao i na 3 sekundy znów włączamy mikser (jeśli kakao wymiesza się dokładnie na tym etapie, to nie powstaną grudki). Dodajemy miód oraz daktyle i miksujemy – najlepiej pulsacyjnie. Prawdopodobnie co jakiś czas będziemy musieli wyłączyć mikser i łyżką przemieszać trochę miazgę. Gdyby wyrobienie masy było bardzo trudne, możemy ewentualnie dodać odrobinę wody (1–2 łyżki), ale nie więcej.

Foremkę (np. plastikowy pojemnik do zamrażania i przechowywania żywności) smarujemy dosłownie kilkoma kroplami oliwy z oliwek, żeby *brownie* było łatwiej potem z niej wyjąć. Wstawiamy na kilka godzin do lodówki lub na godzinę do zamrażarki. Wtedy łatwiej da się podzielić na zgrabne kawałki.

Tarta z jeżynami

Cudnie chrupiące ciasto, aksamitny krem i jeżyny. Do tego słońce na tarasie i dobra książka. Takie małe marzenia warto spełniać.

Potrzebujemy:
Na spód
180 g mąki
1 jajka

125 g masła
szczypty soli
1 łyżki cukru

Na krem
250 g śmietanki kremówki (min. 30%)
250 g serka mascarpone
5 łyżek cukru pudru

Do dekoracji
0,5 kg świeżych jeżyn (lub innych owoców leśnych)

Ze składników na spód tarty zagniatamy szybko ciasto i wkładamy je do lodówki na 30 minut. Następnie rozwałkowujemy i wykładamy nim foremkę. W kilku miejscach nakłuwamy je widelcem. Pieczemy około 10 minut w temperaturze 200°C do zrumienienia. Wyjmujemy i studzimy. Schłodzoną kremówkę ubijamy z cukrem pudrem. Cały czas mieszając, ale na wolnych obrotach (żeby ze śmietany nie zrobiło się masło), powoli dodajemy serek mascarpone. Krem wykładamy na schłodzone ciasto. Wierzch dekorujemy jeżynami.

Tarta z rabarbarem i jabłkami

Słodkie jabłka, kwaśny rabarbar – świetny duet. Do tego jeszcze szczypta cynamonu i nie będziemy mogli się oderwać!

Potrzebujemy:

Na spód
180 g mąki
1 jajka
125 g masła
szczypty soli
1 łyżki cukru

Na krem
250 g serka mascarpone
100 g białej czekolady

Na masę
2 jabłek
0,5 kg rabarbaru
2–3 łyżek cukru

Do dekoracji
0,5 łyżeczki cynamonu
cukru pudru

Ze składników na spód tarty zagniatamy szybko ciasto i wkładamy je do lodówki na 30 minut. Następnie rozwałkowujemy i wykładamy nim foremkę. W kilku miejscach nakłuwamy je widelcem. Pieczemy około 10 minut w temperaturze 200°C do zrumienienia. Wyjmujemy i studzimy. Krem przygotowujemy z czekolady roztopionej na wolnym ogniu lub w wodnej kąpieli i wymieszanej starannie z serkiem. Od razu smarujemy nim ciasto. Owoce myjemy, obieramy i kroimy na małe kawałki. Zasypujemy cukrem i dusimy z odrobiną wody pod przykryciem 5–10 minut, następnie bez przykrycia jeszcze 10 minut, mieszając, żeby sok odparował. Odsączamy je i układamy na kremie (z cienkich półplasterków jabłka można ułożyć na wierzchu ozdobne wzory czy kwiatki). Wierzch tarty posypujemy cukrem pudrem wymieszanym z cynamonem.

Cynamonowa tarta ryżowa z figami

Cięższa, ale pyszna i bardzo aromatyczna tarta. Zamiast kremu ze śmietany lub sera – słodka masa ryżowa.

Potrzebujemy:
Na spód
180 g mąki
1 jajka
125 g masła
szczypty soli
1 łyżki cukru

Na masę
1 woreczka białego ryżu
sporej garści bakalii, np. rodzynek i daktyli

150 g serka mascarpone
1 łyżeczki cynamonu

Do dekoracji
fig – niezbyt mocno przesuszonych lub świeżych

Ze składników na spód tarty zagniatamy szybko ciasto i wkładamy je do lodówki na 30 minut. Następnie rozwałkowujemy i wykładamy nim foremkę. W kilku miejscach nakłuwamy je widelcem. Pieczemy około 10 minut w temperaturze 200°C do zrumienienia. Wyjmujemy i studzimy.

Ryż gotujemy (bez woreczka!) w wodzie. Kiedy zacznie mięknąć, dodajemy bakalie – większe, jak daktyle, kroimy. Masa ryżowa musi być dość mocno rozgotowana, ale niezbyt sucha, żeby nie zrobiła się twarda – po prostu delikatny kleik z bakaliami. W trakcie studzenia będzie jeszcze odparowywała, więc tym bardziej nie możemy zbyt mocno redukować wody. Gdy lekko przestygnie, dodajemy cynamon oraz serek i mieszamy. Sprawdzamy, czy jest dość słodka. Jeśli nie, możemy dodać 1–2 łyżki miodu.

Tartę dekorujemy, przykrywając jej wierzch plastrami fig – najlepiej świeżymi, ale mogą też być suszone, warto jednak poszukać takich, które nie są zbyt twarde.

Rozdział III

Marylka

W dzień urodzin Amelię obudził dzwonek do drzwi, który od wczoraj działał. Poderwała się z łóżka i rzuciła okiem na zegar, taki stary, z kukułką, który wczoraj osobiście nakręciła – kukułka wprawdzie nie wychodziła ze swego domku, by odkukiwać godziny, ale zegar cykał, rozpraszając ciszę, przyjemnie i... tak domowo.

– O kurczę, zaspałam! – jęknęła i zbiegła po schodach na parter.

Przez oszklone drzwi zaglądał do środka Olgierd, z którym – zanim zdążył uciec – Amelia umówiła się na godzinę dziesiątą. Do pomocy w pieleniu ogródką oczywiście. Nie na randkę.

Dziewczyna spojrzała po sobie – znów ta nocna koszula, kończąca się w połowie ud! – rozejrzała w panice, czym mogłaby się owinąć i wreszcie, mając do wyboru tylko rolkę papierowych ręczniczków, z westchnieniem rezygnacji podeszła do drzwi, otwierając je na całą szerokość, jak to ona.

– Dzień dobry, coś mi się wydaje, że przyszedłem za wcześnie... – Olgierd wzrokiem konesera omiótł zgrabną sylwetkę dziewczyny, którą koszulka, biała w niezapominajki, ślicznie podkreślała. – A nie, ty podobno każdy dzień witasz tak właśnie, na progu nowego domu.

– Mylisz się... – Amelia po raz pierwszy pożałowała swojego wczorajszego występu. I swej spontaniczności jako takiej w ogóle. – To było... głupie i więcej tego nie powtórzę. Wystarczył ten jeden raz i już wszyscy mieszkańcy tego miasteczka mają mnie za nawiedzoną, co lata nago po rynku, a faceci – tu spojrzała na Olgierda wymownie – dodatkowo za chętną i łatwą.

Zmieszany spuścił wzrok.

– Przepraszam. Nie śmiałbym tak o tobie pomyśleć. Właściwie niektóre z dziewczyn w dżinsach, z których wylewają im się pośladki, wyglądają bardziej wyzywająco niż ty w tej... Jezu... – Potarł twarz, zupełnie wytrącony z równowagi jej pełnym żalu i wyrzutu spojrzeniem. – Wcale nie uważam, że ta koszula jest wyzywająca, tylko...

– Pójdę się ubrać. Najlepiej w zakonny habit, o ile taki znajdę – przerwała mu, wzruszając przy tym ramionami. – A ty możesz zabrać się do walki z chwastami. Gdy już się odzieję odpowiednio, przyjdę pomóc...

– Sam sobie poradzę. Już teraz jest gorąco, na słońcu możesz zasłabnąć – próbował się sprzeciwić.

– To mnie pochwycisz w swe silne, męskie ramiona i przeniesiesz do cienia, no nie? – rzuciła mu przez ramię spojrzenie, w którym nie było już na szczęście tego żalu, co jeszcze przed chwilą. Amelia nie chowała długo urazy.

– Nie omieszkam – usłyszała, będąc już na schodach, i uśmiechnęła się.

Brat Tosi dałby się lubić, gdyby nie był tak irytująco... odpychający. Typowy, pewny siebie samiec. Ale to nie jej, Amelii, zmartwienie. Ona ma swojego T. (do którego jak na razie nie dość, że nic nie czuje, to w ogóle sobie go nie przypomina) i dobrze byłoby, gdyby się tego trzymała.

Kwadrans później, po szybkim prysznicu i myciu zębów, z włosami podpiętymi kilkoma spineczkami, by czarne kędziorki nie wchodziły jej do oczu i w ogrodniczkach, kupionych wczoraj w markecie specjalnie na takie okazje oraz zwykłej bawełnianej bluzeczce, zeszła do ogrodu i w milczeniu, ramię w ramię z Olgierdem, rozpoczęła walkę z zielskiem.

Pracowało im się całkiem miło i zgodnie, pomimo tego milczenia, przerywanego krótkimi:

– Tym ja się zajmę, akacje trzeba potraktować siekierą i szpadlem.

Albo:

– Może zgrabić to w jedno miejsce i później, gdy uschnie, podpalić?

– Za mały jest ten twój ogródek na ognisko. Po prostu podjadę samochodem z przyczepą i wywiozę zielsko na wysypisko.

Przed południem, gdy upał zaczął dawać się we znaki, Olgierd coraz częściej z niepokojem spoglądał na dziewczynę, wyrywającą chwasty nadal z zapałem i oddaniem, jednak z minuty na minutę coraz bledszą.

– Dosyć. Robimy przerwę – zarządził naraz głosem nieznoszącym sprzeciwu.

Odetchnęła z mimowolną ulgą. Zamierzała pracować z nim ramię w ramię, nie poddawać się niczym wątła kobietka, ale rzeczywiście... parę razy zrobiło jej się ciemno przed oczami. Może to osłabienie po wypadku czy tam napadzie – nadal nie pamiętała, co właściwie jej się przydarzyło – a może zupełnie coś innego? W tym momencie Olgierd, który już kierował się do domu, usłyszał jęk dziewczyny. Obrócił się na pięcie, gotów chwytać osuwającą się Amelię wpół i nieść do zbawczego cienia, ale... ona stała pośrodku ogrodu, przytykając obie dłonie do ust.

– Co się dzieje? – przyskoczył do niej, patrząc z niepokojem w rozszerzone z szoku czarne źrenice.

– A jeśli jestem w ciąży? – wyszeptała.

– Chyba... byś o tym wiedziała... – odparł powoli, ważąc każde słowo.

– Niby skąd? Przecież nic nie wiem. Jeśli jestem... to nie wiem nawet z kim...

Oczy dziewczyny wypełniły się łzami, a Olgierdowi przyszła do głowy pewna myśl, która wstrząsnęła nim do głębi. Wiedział, że znaleziono ją na poboczu drogi.

Wiedział, że została napadnięta i uderzona w tył głowy tak silnie, że straciła pamięć. Ten, kto to zrobił, mógł nie ograniczyć się do okradzenia nieprzytomnej. Mógł ją również... Współczucie i wściekłość aż zaparły mu dech w piersi. Nienawidził takiego zbydlęcenia, o jakim czytał każdego dnia na pierwszych stronach gazet czy portali internetowych. Świat był pełen przemocy i krwi, a Olgierd z tym właśnie walczył tak, jak potrafił. Teraz patrzył na stojącą przed nim śliczną, kruchą dziewczynę, w której bladej twarzy błyszczały tylko wielkie przerażone oczy i... miał ochotę z jednej strony przytulić ją mocno, z drugiej zabić tego, co ją skrzywdził.

– Pobiegnę do Kseni. Kupię test – postanowiła nagle, ocierając łzy stanowczym ruchem dłoni. – Przynajmniej jedną niewiadomą będę miała z głowy.

Minęła Olgierda i ruszyła w kierunku apteki, a on poczuł podziw, jak szybko i zdecydowanie ta na pozór krucha istota wzięła się w garść i rozwiązała problem. O ile ten problem rzeczywiście za chwilę się rozwiąże, a nie stanie się większym problemem...

Sam powrócił do pielenia ogrodu – on nie potrzebował przerwy, bo wysiłek fizyczny w nieznośnym upale nie był mu obcy – i czekał z rosnącą niecierpliwością na powrót Amelii. Wzbudzała w nim takie same uczucia co Tosia, młodsza siostra. Przemiła, urocza Tosia, przedszkolanka, która kochała cały świat i nie skrzywdziłaby nikogo. Z którą jednak ów świat kilkanaście lat temu obszedł się tak brutalnie, jak z Amelią...

Zacisnął zęby, walcząc z upartym zielskiem.

Uniósł głowę w momencie, gdy Amelia wchodziła do ogrodu. Posłała mu nieco zawstydzony uśmiech, a na jej twarzy widział ulgę. Nie musiał pytać o nic więcej, a ona nie musiała odpowiadać.

Już wzięła do ręki ogrodnicze rękawice, by ruszyć Olgierdowi z pomocą w walce z chwastami, gdy ten stanowczo jej te rękawice odebrał.

– Nie, nie, ty dzisiaj jeszcze się oszczędzasz. Chyba masz coś do roboty, oprócz pielenia ogrodu?

– Mam! – przypomniała sobie nagle, patrząc na mężczyznę rozjaśnionymi oczami. – Urodziny! Muszę przygotować mnóstwo pyszności! Czy... przyjdziesz o siedemnastej?

– Nie.

Aż drgnęła, nie spodziewając się tak szybkiej i stanowczej odmowy.

– Ale... chciałabym ci się jakoś odwdzięczyć za pomoc.

– My pomagamy tu sobie, nie licząc na zapłatę – odparł odpychającym tonem, a Amelia nie po raz pierwszy od wczoraj, gdy poznała tego mężczyznę, zadała sobie w duchu pytanie, dlaczego on jej tak nie cierpi.

– To, że pomagam ci w doprowadzeniu do porządku ogrodu, nie znaczy, że... Nic więcej nie znaczy.

– To, że zapraszam cię na urodziny również! – wykrzyknęła wzburzona. – Nie zamierzam cię uwieść, nie chcę brać z tobą ślubu i rodzić ci dzieci! Po prostu oprócz ciebie, Tosi, Kseni i Marylki nie znam tu nikogo! Chętnie zaprosiłabym tego, kto podarował mi ten dom, ale jego też nie znam! Chociaż być może to mój mąż albo narzeczony! Rozumiesz? Mogę być czyjąś żoną, więc bądź spokojny: nie zamierzam ci się narzucać. A tak w ogóle, to idź już sobie. Polubiłam ten ogród właśnie taki jak jest: zachwaszczony!

Słuchał gniewnych słów dziewczyny z rosnącą wściekłością. Jeśli ona myśli, że on na nią leci… Nie, chyba właśnie powiedziała coś zupełnie odwrotnego. I wyrzuca go z domu. Jego? Olgierda?! Już miał cisnąć szpadel pod nogi tej niewdzięcznicy, ale… Olgierd Wenta lubił czynić kobietom na przekór. A mając młodszą siostrę, która zachowywała się czasami dokładnie tak, jak Amelia, tym bardziej.

– Wyrwę te chwasty do końca i przyjdę na twoje urodziny – rzekł, jak gdyby nigdy nic powracając do walki z oporną akacją.

– To sobie wyrywaj! I przychodź! – krzyknęła Amelia, odwróciła się na pięcie i zniknęła w domu.

Parę chwil później zupełnie zapomniała o mężczyźnie, który jednocześnie ją intrygował i wkurzał, a teraz jakby nie było między nimi ostrej wymiany zdań, wyrywał zielsko w jej ogrodzie. Zapomniała o swoich zmartwieniach i przeszłości, o której nic nie wiedziała. Prawdę mówiąc zatraciła się tak zupełnie w tym, czego dokonywały jej ręce prowadzone przez umysł – jakim cudem pamiętał te wszystkie przepisy, nie pamiętając nic więcej?! – że... świat zewnętrzny przestał istnieć. Została tylko ona, Amelia, kuchnia na piętrze, w której piekarnik na szczęście działał, kosz składników i ogromna radość tworzenia małych cudeniek z cukru, mąki, masy kajmakowej i tego, co kupiła w sklepie Marylki. Słodkości, na których widok oczy się Amelii śmiały, wreszcie ciasta, które kochała. I przyrządzać, i kosztować, i częstować nim najmilszych gości.

Czas mijał szybko.

Amelia pracowała, podśpiewując złote przeboje razem z radiem, które cicho grało w kącie pokoju.

Olgierd od dłuższej chwili stał w drzwiach i patrzył na dziewczynę lepiącą zręcznie z kawałka ciasta kolejnego łabędzia, którego pieczołowicie ustawiła potem na blasze i... Naprawdę to zlecenie spadło mu jak z nieba. Za parę dni już go tu nie będzie, a gdy wróci, może nie będzie tu tej dziewczyny. Jedynej, jaką spotkał do tej pory w życiu, dla której... wyrywałby pokrzywy sięgające do pasa i walczył z kolczastymi akacjami.

Zauważyła go, odgarnęła wierzchem dłoni kosmyk włosów, który spadł jej na czoło – ciekawe, czy zdawała sobie sprawę, jak wdzięcznie wyglądał ten gest – i uśmiechnęła się nieśmiało.

– Na dziś skończyłem – odezwał się, pilnując, by jego głos brzmiał odpowiednio obojętnie. – Muszę przygotować się do popołudniowej imprezy. – Wskazał na blachę pełną łabędzi. – Pachnie w całym domu obłędnie… – To miał być komplement, bo rzeczywiście kamieniczka pachniała jak pudełko czekoladek i maślanych ciasteczek w jednym, ale że Olgierd nie zamierzał aż tak rozpieszczać dziewczyny miłymi słowami, musiał dorzucić coś, co sprawiło, że jej uśmiech zgaśnie: – …więc nie musisz się dopytywać, czy na pewno przyjdę – dokończył.

Uśmiech rzeczywiście zgasł, Amelia wcale nie zamierzała go prosić po raz drugi.

– Masz jakieś życzenie co do prezentu? – zapytał jak gdyby nigdy nic.

Wzruszyła ramionami.

– Już dostałam od ciebie prezent. – Wskazała ogród, który prezentował się o niebo lepiej niż rano. – Ale wiesz… seksowna bielizna, w której będę mogła paradować po rynku…

– Pax, Amelia, proponuję rozejm. – Uniósł ręce w geście poddania. – Ja palnąłem o kilka głupich słów za dużo, ty za mocno sobie bierzesz wszystko do serca. Może mimo to rozstaniemy się jak przyjaciele.

– Jestem za. Chociaż… – Chciała dokończyć, że nie wiedziała, iż są przyjaciółmi, ale ugryzła się w język. Jej nie sprawiało przyjemności ranienie innych, choćby słowami.

– Róże. Lubię róże. Kupiłam wczoraj trochę do ogrodu, nie mogłam się po prostu oprzeć, ale z paru więcej będę szczęśliwa.

– Dostaniesz więc róże – rzekł i zniknął na schodach, wściekły nie wiadomo na co.

Amelia patrzyła w puste miejsce, gdzie jeszcze przed chwilą stał najprzystojniejszy facet, jakiego spotkała w swoim krótkim, trzytygodniowym życiu – być może w tym poprzednim miała takich jak on na pęczki, ale tego nie mogła wiedzieć – po czym, nie zastanawiając się dłużej nad tym, dlaczego ten właśnie facet, sprawiający wrażenie naprawdę sympatycznego, budzi w niej skrajne uczucia i sam zachowuje się, jakby od pierwszej chwili zostali śmiertelnymi wrogami, powróciła do lepienia ostatnich łabędzi.

Następne będą pralinki i babeczki.

Tak, Amelia wiedziała, że na jej urodziny przyjdą zaledwie cztery osoby, a ilość słodkości, które przygotowywała wystarczyłaby dla czterdziestu (głodnych) rozbójników, ale... cukiernictwo było radością jej życia. Miała tego pewność.

Najwyżej Tosia z Ksenią i Marylką wezmą to, co pozostanie, do domu.

O Marylce mowa...
Właśnie dzwoniła do drzwi.

Amelia umyła szybko ręce i zbiegła na parter, by wziąć od dziewczyny ostatnią partię wiktuałów. Kwadrans wcześniej zadzwoniła do Marylki na jej komórkę – zdążyły się już wymienić telefonami – i złożyła dodatkowe zamówienie, prosząc, by dziewczyna przyniosła zakupy do Kawiarenki, gdy tylko zamknie sklep.

Nie, Amelia wcale nie chciała się Marylką wyręczać, miała sekretny cel, pewną misję, i to dlatego chciała się z młodą sprzedawczynią spotkać, nim przyjdzie reszta gości.

Marylka uściskała Amelię nieśmiało, ale serdecznie i podała jej dwie reklamówki, a na koniec bukiecik kwiatów i ładny wazonik.

– Wszystkiego najlepszego w dniu urodzin.

– W dniu domniemanych urodzin – sprostowała Amelia, śmiejąc się cicho. – Dziękuję i zapraszam na piętro. To tam odbędzie się impreza, którą Zabajka zapamięta na długo…

– Chyba… nie upijesz nas do nieprzytomności?

Amelia pokręciła głową. Prawdę mówiąc całkiem zapomniała o zakupie alkoholu.

– Nie to miałam na myśli. Wydaje mi się jednak, że mam wrodzony dar do przyciągania nieszczęśliwych, tudzież zabawnych przypadków. Jestem pewna, że dziś wieczorem też palnę jakąś gafę. Szczególnie, że jeden z gości… wyzwala we mnie najgorsze instynkty.

– Olgierd? – zapytała domyślnie Marylka. – Tak, on potrafi być wkurzający. Gdy tylko pojawia się w Zabajce, potrafi tak namieszać... Na szczęście niedługo wyjeżdża i szybko nie wróci. Będzie wkurzał innych. Chociaż Tosia mówiła, że w pracy staje się innym człowiekiem. I dopiero w domu odreagowuje.

– Dziękuję bardzo za takie odreagowanie... – mruknęła Amelia.

– Prawda? – zaśmiała się Marylka. – Ale Tosia kocha go takim, jakim jest i jeszcze bardziej uwielbia za to, co robi dla innych, za to jak się poświęca, jak ryzykuje.

O, to było coś nowego. Czyżby Olgierd, słynny na całą Zabajkę, parał się czymś więcej niż pieleniem ogrodów i graniem ludziom na nerwach?

– Nie mówiła ci o tym? – Marylka uniosła brwi. – Tosia uwielbia nawijać o swoim bohaterskim bracie! On wyjeżdża na misje humanitarne, wszędzie tam, skąd normalny człowiek raczej by uciekał. Ale wiesz, tacy faceci jak Olgierd Wenta lubią wyzwania, kręci ich ryzyko i dużo adrenaliny.

Amelia pokiwała głową. Znała tego mężczyznę od wczoraj, a już zdążył pokazać, co z niego za charakterek. Bez trudu mogła go sobie wyobrazić, jak jedzie w konwoju ciężarówek oznaczonych czerwonym krzyżem, z karabinem na kolanach i piękną lekarką u boku...

– Olgierd Olgierdem, nie o nim chciałam z tobą porozmawiać – ucięła, bo naprawdę za dużo o tym mężczyźnie myślała.

Marylka zaczęła wyjmować wiktuały z toreb i ustawiać je na stole, który zajmował środek kuchni, spoglądając przy tym na Amelię pytająco.

– Znasz biegle język hiszpański, prawda? – zaczęła dziewczyna. Marylka skinęła głową. – I angielski. – Znów potaknięcie. – Uwielbiasz Zafóna i Barcelonę.

– Uwielbiam całą Hiszpanię. Także Portugalię i Włochy. Mówię trochę po portugalsku i po włosku też.

– Może w poprzednim wcieleniu urodziłaś się właśnie tam? – zaśmiała się Amelia, patrząc na pszeniczne włosy Marylki i jej błękitne oczy. Nie wyglądała na Latynoskę, ale kto to wie…? – Lubisz także ludzi, prawda?

Marylka ponownie przytaknęła, domyślając się do czego Amelia zmierza, i oczy jej posmutniały.

– Nic z tego, kochana Amelio… Wiem, że moim powołaniem byłoby oprowadzanie wycieczek po tak wspaniałym mieście jak Barcelona czy Wenecja, ale… ja nie mam nawet matury – dokończyła ze wstydem. – Nie zdążyłam skończyć liceum przed… tym – machnęła ręką w niesprecyzowanym kierunku, a Amelia nie śmiała dopytywać, czym owo „to" było. – A potem… musiałam iść do pracy, walczyć o każdy dzień, każdą złotówkę. Gdy załapię się na coś lepszego niż harówka od świtu do nocy za najniższą krajową… chociaż nie myśl sobie, jestem wdzięczna, że pani Hania mnie zatrudniła… wtedy dokończę liceum i może… może zacznę spełniać marzenia.

– A jakie ta matura ma niby znaczenie? – rzuciła Amelia. – Ja na przykład nie wiem, czy ją mam, a… jakoś snu mi to z powiek nie spędza.

– Jak to nie wiesz? – Marylka uniosła brwi.

– Nie pamiętam. – Dziewczyna wzruszyła ramionami. – Może zakończyłam edukację na gimnazjum i przed wypadkiem pracowałam w fabryce na taśmie? Może mordowałam kurczaki w ubojni drobiu i rozbierałam je na części?

Marylka parsknęła śmiechem.

– Kto jak kto, ale ty na pewno byłaś kimś więcej niż morderczynią kurczaków. Ktoś taki nie dostałby kamieniczki od tego twojego T.

– Chyba, że ta kamieniczka nie jest dla mnie – odrzekła cicho, z zamyśleniem Amelia.

– Jak to nie dla ciebie? – zdumiała się Marylka po raz nie wiadomo który od czasu spotkania tej niezwykłej istoty.

– Zastanawia mnie to od chwili wyjścia ze szpitala. Kurtka, w której mnie znaleziono, była na mnie za duża. Zobacz… – Pobiegła do przedpokoju i po chwili wróciła w kurtce, której rękawy rzeczywiście musiała podwinąć, a całość wisiała na niej jak kapota stracha na wróble.

– Może miałaś taki styl ubierania się? – zauważyła Marylka. – Prawdę mówiąc wyglądasz w niej całkiem fajnie, ale tobie we wszystkim byłoby dobrze.

– Myślisz? To mnie trochę pocieszyłaś – Amelia odetchnęła z wyraźną ulgą. – Nie tym, że wyglądam dobrze, ale normalnie mało mózg mi nie eksplodował, gdy zaczęłam się zastanawiać, czy ten list i te pieniądze były przeznaczone dla mnie, czy dla kogoś innego. Wracając jednak do mojej i twojej matury: proszę cię, błagam i zaklinam – daj mi swoje CV, jakiekolwiek by ono nie było, i pozwól działać w twoim imieniu.

Marylka osłupiała.

– C-co chcesz z nim zrobić?

– Rozesłać do biur podróży! Zbliża się sezon turystyczny, powinni zabijać się o takich przewodników jak ty!

– Ale… ale ja nie mam nawet matury!

– Ale czytasz Zafóna w oryginale i jak dla mnie to wystarczy! Proszę cię, nic więcej nie mów, tylko napisz mi tutaj, teraz swoje CV, okej?

Marylka usiadła przy stole, ale nie dlatego, żeby pisać CV, a dlatego, że nogi odmówiły jej posłuszeństwa. Patrzyła przy tym na Amelię z takim wyrazem oszołomienia i niedowierzania w pociemniałych źrenicach, że ta nagle straciła pewność siebie.

– No chyba, że nie chcesz… – mruknęła. – Może rzeczywiście praca w spożywczym jest…

– Chcę, bardzo chcę, ale… nie zdajesz sobie sprawy, ile rozczarowań już przeżyłam – odszepnęła Marylka, a jej oczy nagle wypełniły się łzami. – Następnych po prostu nie zniosę.

– Zniosę je za ciebie. Ty nie będziesz wiedziała o odpowiedziach odmownych. Zgoda?

Dziewczyna odpowiedziała tylko smutnym uśmiechem.

– Naprawdę wierzysz, że to się uda? – zapytała po chwili milczenia, patrząc, jak Amelia zręcznie układa krakersy na blaszce.

– Co? Ciasto „Kocham Cię"? Ono zawsze się udaje – odparła dziewczyna, a potem dodała już nieco poważniej: – Tego nie wiesz, jeśli nie odważysz się na pierwszy krok. Pomogę ci go zrobić, ale reszta będzie zależała od ciebie.

Przez następne pół godziny Amelia trudziła się nad ciastem, a Marylka gryzła długopis, usiłując sklecić sensowne CV, ale z próżnego się nie naleje. Skończyła edukację w połowie trzeciej klasy liceum i… co ma wpisać dalej? Sprzedawczyni w miejscowym sklepie spożywczym?

Spojrzała zbolałym wzrokiem na Amelię nakładającą rodzynki i prażone migdały.

– Nie wpisuj tego sklepu – odezwała się dziewczyna, zupełnie jakby czytała w myślach Marylki. – Udzielałaś się społecznie? Działałaś w jakichś organizacjach charytatywnych czy wolontaryjnych?

Skąd ona to wie?!

– T-tak – zająknęła się Marylka. – Po pracy, jeśli wystarcza mi siły, pomagam w domu opieki społecznej. Ale nie wiem, czy to się nadaje, bo odwiedzam starsze osoby. Gdyby to były dzieci… pewnie lepiej wyglądałoby to w CV, ale dziećmi zwykle ma się kto zająć, za to tymi staruszkami… są tacy samotni. I wdzięczni za każdą minutę rozmowy, że o pomocy w domu nie wspomnę… Nie zrozum mnie źle, bardzo lubię dzieci, ale… – głos Marylki cichł, jakby każde słowo przychodziło jej z coraz większym trudem.

Amelia patrzyła na nią w milczeniu.

– Pomagam też dzieciom, tylko… – Tu Marylka zacięła się. Ręce trzymające kartkę i długopis zaczęły jej drżeć. – Tylko to już zupełnie nie nadaje się do upublicznienia.

Smukła, ciepła dłoń delikatnie nakryła drżące ręce dziewczyny. Marylka spojrzała na Amelię oczami pełnymi łez.

– Odpowiadam na listy w pewnej fundacji, czasem mam też dyżur przy telefonie interwencyjnym… – zaczęła szeptem. – To fundacja zajmująca się dziećmi molestowanymi seksualnie w rodzinie.

Dłoń zacisnęła się jednocześnie lekko i mocno. Spadła na nią łza. Potem druga.

– Matka mi nie uwierzyła. Wyrzuciła mnie z domu. Ojciec… On został i nadal jest cenionym dyplomatą. Tylko błagam cię, nie mów o tym nikomu! Nikt więcej o tym nie wie! Ciekawskim powiedziałam, że sprawiałam problemy, w końcu rodzice mieli mnie dość i gdy tylko skończyłam osiemnastkę, poszłam na swoje. Błagam cię, Amelio, niech tak zostanie!

Marylka, zupełnie roztrzęsiona, nie mogła sobie darować, że zwierzyła się ze swego najboleśniejszego sekretu tej zupełnie nieznajomej dziewczynie. Przecież nie wiedziała, czy Amelia nie jest plotkarą, czy o jej, Marylki, tajemnicy nie będą jutro gadali wszyscy mieszkańcy Zabajki. To dopiero byłaby sensacja!

Amelia ujęła obie, zimne jak lód, ręce dziewczyny w swoje, uścisnęła mocno i powiedziała:

– To pozostanie między nami. Nie wiadomo, czy ja również nie miałam takich doświadczeń w przeszłości i dlatego Bóg nie zesłał na mnie błogosławionej amnezji. Do CV świetnie pasuje pomoc starszym opuszczonym ludziom, a ja jeszcze to ładnie opiszę, bo coś mi się zdaje, że mam do tego dar.

Przeszła do pokoju i wróciła z laptopem.

– Ciasto niech teraz dojrzewa w lodówce, ja będę zajęta innym, a ty, moja kochana, znajdź i wypisz wszystkie, ale to wszystkie biura podróży i organizacje turystyczne w kraju, w Anglii, w Irlandii, w Ameryce, Kanadzie i Australii, no i oczywiście w Hiszpanii. Potrzebne mi są ich adresy mailowe. No, do roboty!

Klepnęła Marylkę w plecy żartobliwie, choć tak naprawdę wolałaby ją przytulić, otrzeć łzy, albo płakać razem z nią. Ale dziewczynie potrzebna była teraz nadzieja, a nie litościwe gesty.

Amelia, przygotowując bajaderki z resztek ciasta i ciasteczek, patrzyła z rosnącą radością, jak jej nowa przyjaciółka, na początku z niedowierzaniem, potem coraz śmielej i z coraz większym zapałem wypełnia książkę adresową mailami.

– Może chciałabyś od razu wysyłać swoją aplikację? – zaproponowała w pewnej chwili Amelia, ale Marylka aż się wzdrygnęła.

– Boję się. Przepraszam, tchórz ze mnie, ale boję się, że nic z tego nie będzie. A tak, to po prostu wyszukuję dla ciebie adresy biur, z którymi mogłabyś się udać w podróż dookoła świata.

– Rzeczywiście – zgodziła się Amelia i nie naciskała więcej.

Istota tak okaleczona przez najbliższych, którzy powinni chronić dziecko, a nie ranić je i niszczyć, ma prawo odwrócić się od świata i uciec. Marylka była silna – Amelia wiedziała to od początku – uciekła do małego miasteczka, zamiast w depresję, alkohol, prochy czy śmierć i wiodła w tym miasteczku spokojne życie zwyczajnej młodej dziewczyny. To naprawdę było coś.

Wpół do piątej Amelia stanowczym gestem zamknęła laptop, bo Marylka w ferworze spełniania marzeń siedziałaby w necie do rana i rzekła:

– Idę doprowadzić się do ładu, bo mąkę mam chyba wszędzie, a na pewno pod bluzką i nieco mi to doskwiera. Dla ciebie mam zadanie, jeśli oczywiście zechcesz: przystrój stół w salonie, tam urządzimy naszą imprezę.

– Zapomniałam zupełnie o twoich urodzinach! – odrzekła Marylka, a oczy błyszczały jej niczym dwie błękitne gwiazdy. – Już biegnę, o ile pokażesz mi, gdzie trzymasz zastawę. Postaram się, by stół wyglądał pięknie.

– Zastawę kupiłam wczoraj w markecie i jeszcze jej chyba nie rozpakowałam. – Amelia patrzyła na dziewczynę niemal z czułością.

Całą sobą czuła potężny przypływ magii tu właśnie, do tej starej, ale pięknej kuchni i wiedziała, miała pewność, że ta magia, dobra magia, spełni choć jedno życzenie jednej z nich. I tym życzeniem nie będzie udane przyjęcie urodzinowe...

Pół godziny później do drzwi dzwoniła Ksenia, trzymając w objęciach zamykany u góry koszyk. Amelia, przebrana w długą, kolorową spódnicę i białą bluzkę z bufiastymi rękawkami niczym śliczna czarnowłosa i czarnooka cyganeczka, zbiegła na dół, otworzyła drzwi i jak zwykle serdecznie zaprosiła miłego gościa do środka.

– Chciałam kupić ci coś niezobowiązującego, wiesz, kwiatki, filiżanki, czekoladki – zaczęła Ksenia niepewnie – ale pomyślałam, że w tym pustym domu, gdy wszyscy sobie pójdziemy, przyda ci się ktoś, a nie coś.

Uniosła pokrywę koszyka, spod której natychmiast wychynęła główka kociaka.

Amelia krzyknęła, unosząc dłonie do ust.

– Jeśli nie lubisz kotów, odniosę ją do schroniska – dodała szybko Ksenia, nie wiedząc, czy dziewczyna jest zachwycona prezentem, czy wręcz przeciwnie. Był to dosyć kontrowersyjny podarunek. Może powinna jednak kupić ten wazonik, pudełko czekoladek, a jeśli już kotka to z por-celany?

– Jest... jest śliczna, cudowna! – Amelia w następnej chwili rozwiała wątpliwości kobiety, biorąc maleńką koteczkę w dłonie i przytulając ją do siebie.

Zwierzątko – rzeczywiście śliczne, w srebrno-grafitowe prążki, niczym wprost z reklamy Whiskasa – od razu zaczęło mruczeć, zjednując sobie jeszcze bardziej serce swojej nowej pani.

– Taka malutka i chudziutka... – Amelia odsunęła koteczkę od siebie i przyjrzała się jej uważnie. – Trzeba ją od-chuchać...

– Prawdę mówiąc była najbardziej zabiedzonym zwierzakiem w całym schronisku i lekarz szczerze wyznał, że nie daje jej większych szans na przeżycie, jeśli tam zostanie. Dlatego ją wzięłam – mówiła szybko Ksenia, jednocześnie uradowana z przyjęcia kotka przez Amelię i nadal zaniepokojona, że prezent może się okazać bardziej kłopotliwy.

– Dobrze zrobiłaś – ucięła krótko Amelia, poprowadziła Ksenię na górę i przy wtórze zachwytów Marylki postawiła zwierzątko na podłodze. Ono zaś natychmiast zaczęło zwiedzać swój nowy dom, mrucząc nieprzerwanie.

Był to zdecydowanie najbardziej uroczy i rozmruczany kot, jakiego tu, w Zabajce widziano. Amelia już go kocha-ła. Jeszcze tylko kąpiel w specjalnym kocim szamponie, obróżka, ładne imię... No i kuweta z piaskiem! Skąd ona weźmie kuwetę?!

Dzwonek do drzwi przerwał jej te rozmyślania.

Tosia, bo to ona była, w jednej ręce trzymała... właśnie kuwetę i to specjalną, samoczyszczącą się, o czym nie omieszkała powiadomić zaskoczonej, ale uradowanej dziewczyny...

– Dwie konspiratorki! Dwie szalone, kochane konspiratorki! – Amelia już chciała ją uścisnąć, ale Tosia w tej samej chwili wręczyła jej trzymany dotąd za plecami... wielki bukiet herbacianych róż. Oczy Tosi, jeszcze przed chwilą roześmiane, spoważniały.

– Olgierd, bo to on przysyła ci te róże, nie mógł przyjść. Coś tam bredził o pilnych sprawach i zniknął z samego rana, ale myślę, że po prostu...

– Stchórzył! – krzyknęła przechylająca się przez poręcz schodów Ksenia.

– Bo znów próbowałaś go swatać! – odkrzyknęła Tosia.

– Bo najwyższy czas, by miał do kogo wracać z tych swoich eskapad!

– Ma! Mnie!

– Ty się nie liczysz, bo jesteś tylko jego siostrą.

– A ż siostrą!

– Tylko. I doskonale wiesz, o co mi chodzi – ucięła Ksenia, która widocznie lubiła mieć ostatnie zdanie.

Tosia wolała się już nie odzywać, bo kiedyś Ksenia narobiła jej obciachu, dopytując – przy Olgierdzie zresztą – czy oprócz prania, prasowania i karmienia, siostra usługuje mu jeszcze na inne sposoby. Olgierd się wtedy wściekł, Tosia też, a Ksenia śmiała się tylko szyderczo. I dodała na koniec:

– Ja to ja, wiem, że łączy was miłość li tylko siostrzano--braterska, powiedzcie to jednak mieszkańcom Zabajki. I to tak, żeby uwierzyli…

Po tej rozmowie Olgierd wynajął mieszkanko niedaleko rynku, a biedna Tosia została sama w domu rodziców, ale plotki się skończyły. Wolała teraz, by Amelia ich nie znała.

Stanowczym gestem wręczyła dziewczynie bukiet róż, naprawdę imponujący, do których dołączona była mała ozdobna koperta.

– Nie czytałam – zastrzegła, gdy Amelia zaczęła wyjmować list.

Był krótki:

„Wszystkiego najlepszego w dniu urodzin. Przepraszam, że nie mogę wręczyć Ci tych róż osobiście, ale… nie mogę".

– Jeeezu, typowo po męsku – mruknęła Ksenia, zerkając Amelii przez ramię. – „Nie mogę, bo… nie mogę". Mógłby się ten twój brat wysilić na coś oryginalniejszego – dodała, patrząc na nieszczęśliwą Tosię, która nawet nie próbowała ratować honoru Wentów. Nie po takim liście…

Amelia zaś wzruszyła ramionami, mimowolnie zanurzyła twarz w płatkach róż, wdychając ich delikatny aromat, po czym odparła pogodnie, jak to ona:

– To co, dziewczyny, czeka nas babski wieczór?

I tak właśnie było.

Torty, suflety, serniki i babki –
uwieńczenie cukierniczego dzieła.
Wspaniałe, imponujące, aromatyczne i perfekcyjne.
W sam raz
na specjalne przyjęcia.

Murzynek z masą serową i wiśniami

Jeśli murzynek, to koniecznie z wiśniami. To jest idealne połączenie!

Potrzebujemy:
Na ciasto
1,5 szklanki cukru
0,5 szklanki wody
1 szklanki oliwy
3 łyżek kakao
2 szklanek mąki
2 czubatych łyżeczek proszku do pieczenia
4 jajek

Na masę
1 kostki margaryny do pieczenia
1 opakowania serka homogenizowanego (250 g)
0,5 szklanki cukru pudru
1,5 szklanki wydrylowanych wiśni (mogą być mrożone lub z nalewki)

Łączymy w garnku cukier, wodę, kakao i oliwę. Mieszając, doprowadzamy do wrzenia i gotujemy jeszcze przez minutę. Odlewamy pół szklanki masy (na polewę), resztę studzimy (koniecznie!). Następnie dodajemy mąkę wymieszaną z proszkiem do pieczenia i jajka ubite na pianę. Całość dokładnie miksujemy i wlewamy do formy. Pieczemy 30 minut w temperaturze 175°C. W międzyczasie dokładnie miksujemy składniki masy serowej, a na koniec dodajemy odsączone, wydrylowane wiśnie i delikatnie łączymy je z masą. Po wystudzeniu ciasto przekrajamy wzdłuż jak na tort. Jego dolną część smarujemy masą serową i przykrywamy drugą połową, na której rozsmarowujemy polewę.

Ciasto jogurtowe z truskawkami i kruszonką

Pyszne, lekkie, letnie ciasto. Obowiązkowo z truskawkami, na które sezon, jak dla mnie, mógłby trwać cały rok!

Potrzebujemy:

Na ciasto
2,5 szklanki mąki
3/4 szklanki cukru
2 jajek
0,5 szklanki oleju rzepakowego
1 szklanki maślanki
2 łyżeczek proszku do pieczenia

Na kruszonkę
2 szklanek mąki
3/4 kostki masła
1 łyżeczki proszku do pieczenia
0,5 szklanki cukru
1 opakowania cukru waniliowego

Do dekoracji
0,5 kg świeżych truskawek lub innych drobnych owoców

Składniki ciasta mieszamy, aż do uzyskania jednolitej masy. Wlewamy ją do formy i na wierzchu układamy owoce. Składniki na kruszonkę ugniatamy dłonią, aż powstaną „grudki", i zasypujemy nimi owoce. Ciasto pieczemy 40 minut w temperaturze 180°C.

Placek z jabłkami i lekką pianką

Placek z jabłkami z pewnością nie zaskakuje, dopóki nie dodamy do niego lekkiej piany z białek...

Potrzebujemy:
Na ciasto
1 kostki margaryny
1 całego jajka i żółtek z 4 jajek (białka zużyjemy do ubicia piany)
2 łyżek cukru
3,5 szklanki mąki tortowej
2 łyżeczek proszku do pieczenia

Na masę
1 słoika tartych jabłek

Na pianę białkową
białek z 4 jajek
3/4 szklanki cukru

Margarynę ucieramy z jajkiem, żółtkami i cukrem, następnie dodaje-my mąkę i proszek do pieczenia. Wyrabiamy ciasto (jest dość ciężkie,

na tym etapie ma „gliniastą" konsystencję) i dzielimy na dwie części. Jedną wykładamy blachę i na nią kładziemy jabłka, potem pianę ubitą z białek z cukrem. Drugą część ciasta kruszymy i rozrzucamy delikatnie na wierzchu. Placek pieczemy 40 minut w temperaturze 180°C.

Tradycyjny makowiec zawijany

Pyszny, drożdżowy i bardzo lekki. Tradycyjny makowiec zawijany z mokrym nadzieniem z orzeszkami i migdałami.

Potrzebujemy:
Na ciasto
600 g mąki
250 ml mleka
100 g masła (miękkiego)
100 g miodu
40 g świeżych drożdży
1 jajka
0,5 łyżeczki soli

Na nadzienie
200 g czarnego maku (najlepiej już zmielonego)
100 g płatków lub słupków migdałowych
2 łyżek masła
80 ml mleka
50 g miodu
50 g cukru trzcinowego
100 g posiekanych orzeszków pistacjowych
1 jajka

Wszystkie składniki na ciasto wyrabiamy razem (najlepiej maszyną, wtedy najpierw wsypujemy składniki suche, a potem mokre). Otrzymaną masę formujemy w kulę i odstawiamy na godzinę do wyrośnięcia.

W międzyczasie przygotowujemy nadzienie. Mak, już zmielony, moczymy przez pół godziny w gorącej wodzie. Następnie odcedzamy i dokładnie mieszamy z pozostałymi składnikami, przy czym jajko dodajemy na końcu.

Wyrośnięte ciasto rozwałkowujemy na prostokąt o wymiarach 40 cm × × 50 cm i nakładamy nadzienie, zostawiając wolne boki. Całość zwijamy w rulon. Przekrawamy go wzdłuż na pół, dzięki czemu otrzymujemy dwa długie wałki, które przekładamy jeden przez drugi – tak jakbyśmy pletli warkocz, tyle że z dwóch pasm. Warkocz odstawiamy jeszcze na 20 minut do wyrośnięcia, a następnie smarujemy wystające kawałki ciasta rozbełtanym jajkiem. Makowiec wstawiamy do piekarnika (200°C, góra-dół) na około 10 minut. Następnie zmniejszamy temperaturę do 180°C i pieczemy jeszcze 25 minut.

Babka cytrynowo-śmietankowa

Babki, baby, babeczki. Królują zwłaszcza na Wielkanoc, ale dobrze sobie od czasu do czasu przypomnieć ich smak. Babka cytrynowo-śmietankowa jest delikatna, puszysta i lekko kwaskowata.

Potrzebujemy:
1,5 szklanki mąki pszennej
1 łyżeczki proszku do pieczenia

3/4 szklanki cukru trzcinowego
4 jajek
1 łyżki miodu
30 g rozpuszczonego masła
0,5 szklanki kwaśnej śmietany (18%) lub jogurtu greckiego
soku wyciśniętego z 1 cytryny
skórki otartej z 1 cytryny
1 łyżki spirytusu

Do miski wsypujemy przesianą mąkę, proszek do pieczenia i cukier. Dodajemy jajka, miód i całość miksujemy do uzyskania jednolitej masy. W garnuszku rozpuszczamy masło, lekko studzimy, dodajemy śmietanę lub jogurt, sok i skórkę z cytryny oraz łyżkę spirytusu – i wlewamy to do masy. Całość dokładnie mieszamy. Ciasto przelewamy do wysmarowanej masłem i wysypanej tartą bułką keksówki. Z wierzchu dodatkowo posypujemy 2 łyżkami cukru trzcinowego. Pieczemy 40–60 minut w temperaturze 180°C (pod koniec pieczenia wilgotność babki możemy sprawdzić patyczkiem).

Orzechowiec z jabłkami i żurawiną

Nietypowa wariacja na temat szarlotki. Do jabłek dodajemy orzechy, żurawinę oraz cynamon i dzięki temu powstaje niesamowite połączenie smaków. Świetna propozycja, zwłaszcza w jesienne dni.

Potrzebujemy:
Na ciasto
1 szklanki mieszanki orzechowej
(nerkowce, orzechy laskowe, piniowe, włoskie, pistacje)
2 szklanek mąki pszennej
(lub 1 szklanki mąki pszennej i 1 szklanki mąki razowej)
0,5 szklanki cukru trzcinowego
3 łyżek miodu
0,5 łyżeczki proszku do pieczenia
2 łyżeczek cynamonu
3 żółtek
200 g zimnego masła

Na nadzienie
1 kg jabłek, które ucieramy na tarce, na dużych oczkach
200 g mrożonych malin
100 g suszonej żurawiny
garści wybranej mieszanki orzechowej
100 g cukru trzcinowego
50 g masła
1 łyżki mąki ziemniaczanej
1 łyżki miodu

Orzechy miksujemy najdrobniej, jak się da. Wsypujemy mąkę, proszek do pieczenia, cukier oraz cynamon i całość mieszamy. Dodajemy masło, żółtka i miód. Masę miksujemy, aż stanie się gładka. Formujemy z niej kulę, którą owijamy folią spożywczą i schładzamy w lodówce na czas przygotowania nadzienia owocowego.

Aby przygotować nadzienie, na patelni topimy masło, miód i cukier. Dodajemy jabłka, żurawinę, maliny oraz orzechy i całość gotujemy około 15 minut, aż odparuje większość płynu. Wsypujemy łyżkę mąki ziemniaczanej i dokładnie mieszamy. Studzimy. W tym czasie ubijamy pianę z pozostałych 3 białek i 80 g cukru (ewentualnie fruktozy). Formę o wymiarach 25 cm × 30 cm smarujemy masłem i wykładamy papierem do pieczenia. Połowę schłodzonego ciasta ugniatamy na dnie. Na nią wykładamy nasze nadzienie owocowe, a następnie pianę. Górę posypujemy drugą połową ciasta startą na grubych oczkach, a całość – dodatkowo łyżką cukru trzcinowego. Pieczemy w temperaturze 175°C przez około godzinę.

Brownie z likierem malinowym

Brownie to jedyne ciasto, w którym zakalec jest absolutnie niezbędny. Ciężkie, mokre, mocno czekoladowe, z delikatną nutą malin…

Potrzebujemy:
Na ciasto
200 g mąki
3 łyżek kakao
0,5 łyżeczki sody oczyszczonej
200 g cukru trzcinowego
160 g masła
1/3 szklanki likieru malinowego (lub nalewki malinowej)

2 jajek
75 g kwaśnej śmietany (18%)
120 ml wrzącej wody
wiórków z gorzkiej czekolady

Na syrop
1 łyżeczki kakao
110 ml wody
20 ml likieru malinowego
100 g cukru trzcinowego

Składniki na ciasto – oprócz wody i płatków – wrzucamy do malaksera i ucieramy na gładką masę. Następnie wlewamy wrzącą wodę i dalej ucieramy, a na koniec wsypujemy wiórki czekoladowe i całość dokładnie mieszamy. Ciasto wylewamy do formy o wymiarach 23 cm × 19 cm i wstawiamy na 40 minut do piekarnika rozgrzanego do 170°C. W tym czasie przygotowujemy syrop – wszystkie składniki gotujemy w garnuszku przez około 15 minut, aż nadmiar płynu odparuje i powstanie w miarę gęsty sos. Syrop wylewamy na ciasto i pieczemy je jeszcze przez około 20 minut. Pod koniec pieczenia wilgotność ciasta możemy sprawdzić patyczkiem.

Galette des Rois – korona na Trzech Króli

Galeta to okrągłe lub prostokątne ciasto przygotowywane z ciasta francuskiego, wypełnione migdałową masą. Dawniej wkładało się do niego ziarno bobu lub fasoli (*la fève*), a później malutką porcelanową figurkę Dzieciątka Jezus lub króla. Osoba, która znalazła w swoim kawałku ciasta ową figurkę, stawała się „królem" i nosiła specjalnie przygotowaną na tę okazję koronę. Dzisiaj jedynym ograniczeniem tego, jaką formę przyjmie ozdoba, jest wyobraźnia kucharza.

Potrzebujemy:
1 opakowania ciasta francuskiego

Na masę
100 g masła
100 g cukru
2 jajek (jedno do masy, drugie do smarowania)
100 g zmielonych migdałów
1 łyżki rumu lub likieru amaretto

Masło ucieramy z cukrem i 1 jajkiem na gładką masę. Dodajemy do niej rum bądź likier i migdały. Schładzamy w lodówce. W tym czasie ciasto francuskie lekko rozwałkowujemy i dzielimy na dwie części. Jedną wykładamy na blachę z pergaminem i pokrywamy zimnym nadzieniem. Wkładamy do niej ziarno fasoli, figurkę lub cały migdał. Brzegi drugiej części ciasta smarujemy roztrzepanym jajkiem. Łączymy obie części ciasta, zlepiając ich brzegi. Na wierzchu możemy lekko ponacinać nożem kreski, tak by figurka znalazła się w jednym kawałku. Całość smarujemy resztą roztrzepanego jajka za pomocą kuchennego pędzelka. Pieczemy w temperaturze około 200°C przez 25–30 minut.

Śliwkowiec z kakao i figami

Podobno siedząc pod drzewem figowca, Budda posiadł wiedzę o istocie życia. Nam do szczęścia wystarczy aromatyczny śliwkowiec z całym mnóstwem przepysznych fig.

Potrzebujemy:
1 kostki masła
2 szklanek mąki
3 jajek
3 łyżek miodu
50 g cukru
3 łyżek kakao
250 g powideł śliwkowych
1 łyżeczki cynamonu
0,5 łyżeczki proszku do pieczenia
0,5 łyżeczki sody
garści suszonych, pokrojonych w kostkę śliwek
garści suszonych, pokrojonych w kostkę fig

W garnuszku rozpuszczamy masło, miód, cynamon, kakao oraz powidła śliwkowe. Wszystko razem podgrzewamy (nie gotujemy), aż do rozpuszczenia masła. Studzimy. Mąkę przesiewamy razem z proszkiem do pieczenia i sodą. Jajka ubijamy z cukrem i dodajemy do nich naszą masę oraz przesiane, suche składniki. Całość mieszamy. Na koniec wsypujemy pokrojone figi i śliwki. Keksówkę wykładamy papierem do pieczenia i przekładamy do niej ciasto. Pieczemy je w temperaturze 170°C przez około godzinę (pod koniec pieczenia wilgotność ciasta możemy sprawdzić patyczkiem).

Sernik czekoladowo-pomarańczowy

Sernik doskonały – z płatkami czekolady, na czekoladowym spodzie i z silną nutą pomarańczy. Smakuje wyśmienicie i zawrotnie pachnie.

Potrzebujemy:
Na ciasto
150 g czekoladowych ciasteczek
0,5 łyżeczki kakao
30 g roztopionego masła

Na masę
400 g serka twarogowego
30 ml słodzonego mleka skondensowanego
skórki z 0,5 pomarańczy (startej na drobnych oczkach)
kilku łyżek świeżego soku z pomarańczy
2 jajek
1 łyżeczki proszku do pieczenia
3 łyżek mąki
garści czekoladowych płatków

Ciastka rozkruszamy blenderem. Dodajemy do nich roztopione masło, kakao i całość miksujemy. Masą wykładamy dno blachy i wstawiamy ją na 10 minut do lodówki, by spód stężał. Pozostałe składniki miksujemy, aż otrzymamy jednolitą masę serową. Na koniec wsypujemy do niej płatki czekoladowe i delikatnie mieszamy. Masę serową wlewamy na ciasteczkowy spód i wstawiamy sernik na 25 minut do rozgrzanego (góra-dół) do 190°C piekarnika. Ciasto nie powinno być suche, wystarczy, jak „zetnie się" góra. Wystudzony sernik dekorujemy cząstkami świeżej pomarańczy.

Sernik z polewą wiśniową w czekoladzie

Prosty, niezawodny. Słodycz masy serowej i czekolady fantastycznie kontrastuje z kwaskową polewą wiśniową.

Potrzebujemy:
Na spód
250 g ciastek, zwykłych herbatników
100 g masła
2 czubatych łyżek wiórków kokosowych

Na masę
1 kg sera w kubełku
1 budyniu waniliowego
120 g cukru
1 opakowania cukru waniliowego (lub otartej 1 laski wanilii)
3 jajek
50 g masła

Na polewę
150 g świeżych lub mrożonych wiśni
100 g gorzkiej czekolady
100 ml słodkiej śmietanki (30%)

Ciastka kruszymy, dodajemy do nich wiórki i masło. Otrzymaną masą wykładamy spód tortownicy i pieczemy ją przez 10 minut w temperaturze 180°C. Wcześniej przygotowane składniki na masę serową (powinny mieć temperaturę pokojową) miksujemy blenderem – ser z budyniem, potem cukier i wanilię, na koniec dodajemy po jednym jajku i masło. Otrzymaną jednolitą masę wlewamy do tortownicy na upieczony wcześniej spód. Całość pieczemy w temperaturze 175–180°C przez około 45 minut. Zostawiamy w piekarniku przynajmniej na kilka godzin (najlepiej całą noc). Schładzamy dodatkowo w lodówce.

Wydrylowane wiśnie miażdżymy blenderem (można je lekko osłodzić) i smarujemy nimi wierzch sernika.

Pokruszoną czekoladę podgrzewamy w garnuszku w śmietance, mieszając, aż powstanie gładka masa, którą polewamy sernik. Można posmarować także jego boki. Całość schładzamy w lodówce przynajmniej przez 3 godziny.

Sernik jagodowy z nerkowców

Wasi goście nie zgadną, z czego został zrobiony! Wygląda i smakuje jak sernik… Ale nie ma w nim sera.

Potrzebujemy:
Na spód
0,5 szklanki suszonych daktyli
1 szklanki płatków migdałów

Na masę
1,5 szklanki nerkowców
6–7 łyżek soku z cytryny (około 1,5 cytryny)
50 g oleju kokosowego

2 łyżek miodu (raczej gęstego)
1 szklanki jagód
1 laski wanilii

Zadanie na dzień poprzedzający wykonanie sernika – migdały, daktyle
i orzechy namaczamy w wodzie (przynajmniej 6 godzin). Następnego
dnia odsączamy starannie i osuszamy (wodę z daktyli wypijamy). Aby
przygotować spód, miksujemy w mikserze migdały i daktyle, ale tak,
aby cząstki migdałów były wyczuwalne. Wrzucamy je na dno tortownicy i ubijamy dłońmi. Aby przygotować „masę serową", miksujemy
nerkowce, sok z cytryny oraz roztopiony olej roślinny z miodem. Miksujemy naprawdę długo, aby masa była gładka i delikatna. Do smaku
dodajemy miąższ z laski wanilii. Na koniec wsypujemy jagody (można
użyć mrożonych, ale ważne, aby je wcześniej rozmrozić i dość mocno
odcisnąć z soku na gęstym sitku, żeby nasz sernik się nie rozpłynął).
Masę wykładamy do tortownicy na przygotowany spód. Wstawiamy
do zamrażarki na 2 godziny. Wyjmujemy pół godziny przed podaniem.
Ciasto, jeśli zostanie, możemy przechowywać w lodówce 2–3 dni.

Sernik na kruchym cieście

Puszysty sernik, idealny do popołudniowej kawy.

Potrzebujemy:

Na ciasto
1,5 szklanki mąki
1 żółtka
0,5 łyżki cukru
3 łyżek kwaśnej śmietany (18%)
0,5 kostki margaryny

Na masę
5 jajek
2 niepełnych szklanek cukru
1 kostki margaryny
1 kg sera białego (wielokrotnie mielonego)
2 opakowań cukru waniliowego
0,5 olejku pomarańczowego lub soku z 0,5 cytryny
2 budyni śmietankowych w proszku
szczypty soli
cukru pudru

Składniki na spód (kruche ciasto) zagniatamy, aż otrzymamy gładką masę, i wykładamy nią dno tortownicy, dociskając delikatnie. Żółtka z cukrem i margaryną ubijamy na pulchną masę. Dodajemy do niej ser, cukier waniliowy, olejek pomarańczowy oraz budynie śmietankowe. Te ostatnie wsypujemy powoli, cały czas miksując, żeby nie powstały grudki. Na końcu wrzucamy delikatnie pianę z białek, ubitą ze szczyptą soli, i całość mieszamy już ręcznie, najlepiej drewnianą łyżką. Ciasto pieczemy około 40 minut w temperaturze 180°C. Nie wyjmujemy od razu z piekarnika, tylko delikatnie uchylamy drzwiczki. Po wystudzeniu posypujemy cukrem pudrem.

Sernik na zimno z czekoladą i owocami

Uwielbiam serniki na zimno. Ten przypomina delikatny krem, którego ozdobą są owoce.

Potrzebujemy:
Na spód
10–15 herbatników (mogą być czekoladowe)

Na masę
0,5 kg twarogu (wiaderko)
250 g serka mascarpone
0,5 szklanki cukru
1 opakowania cukru waniliowego lub laski wanilii
1,5 szklanki mleka
5 łyżeczek żelatyny
2 tabliczek białej czekolady
2 szklanek drobnych owoców jagodowych

Tortownicę wykładamy herbatnikami. Na nich układamy połowę owoców. Ser miksujemy z cukrem i cukrem waniliowym oraz serkiem mascarpone. W niewielkim garnuszku, w małej ilości wody namaczamy żelatynę. Następnie dodajemy do niej jeszcze 3–4 łyżki wody i podgrzewamy, aż się całkowicie rozpuści. W drugim garnuszku rozpuszczamy czekoladę i łączymy ją z żelatyną. Otrzymaną masę wylewamy bardzo powoli do sera, cały czas miksując. Całość wylewamy do tortownicy. Na wierzchu układamy resztę owoców, zanurzając je do połowy. Sernik chłodzimy w lodówce przynajmniej 2–3 godziny.

Sernik ze śliwkami

Oryginalne i ciekawe połączenie – ser i pieczone śliwki. Efekt? Zaskakujący, nietypowy i bardzo wciągający. Po jednym kawałku ma się zdecydowanie ochotę na więcej.

Potrzebujemy:
Na spód
100 g ciasteczek „Oreo"
30 g masła

Na masę
500 g serka homogenizowanego (lub twarożku sernikowego)
2 jajek
1 żółtka
2 łyżek mąki
0,5 łyżeczki proszku do pieczenia (można pominąć)
30 ml słodzonego mleka skondensowanego
1 kieliszka nalewki wiśniowej lub śliwowicy

Na dekorację
kilkunastu śliwek
2 łyżek brązowego cukru

W blenderze kruszymy ciasteczka i dodajemy do nich miękkie masło. Otrzymaną masą wykładamy spód tortownicy (o średnicy 12 cm) i wstawiamy ją na kilka minut do lodówki. W tym czasie ubijamy serek z mlekiem skondensowanym. Następnie dodajemy do niego jajka, żółtko, mąkę i proszek, wlewamy śliwowicę i całość dokładnie mieszamy. Masę serową wylewamy na ciasteczkowy spód i wstawiamy na 20 minut do piekarnika (190°C). Po tym czasie wyciągamy ciasto (góra jest już ścięta) i na wierzch kładziemy pokrojone na ósemki śliwki, które posypujemy brązowym cukrem.

Budyniowy sernik z czekoladową kruszonką

Budyniowy aromat dzieciństwa zamknięty w doskonałym serniku z czekoladową kruszonką.

Potrzebujemy:
Na spód i wierzch
1,5 szklanki mąki tortowej
2 łyżek kakao
0,5 szklanki cukru
1 czubatej łyżeczki proszku do pieczenia

1/3 kostki masła roślinnego
2 żółtek

Na masę
3 serków homogenizowanych (3 × 250 g)
1 budyniu waniliowego lub śmietankowego
3/4 szklanki cukru
1 żółtka
białek z 3 jajek
1/3 kostki masła roślinnego

Mieszamy suche składniki (mąkę najlepiej przesiewamy). Dodajemy do nich rozpuszczone masło roślinne, 2 żółtka i dokładnie wyrabiamy. Około 2/3 ciasta wykładamy na spód tortownicy i delikatnie ugniatamy. Aby przygotować masę serową, łączymy twarożki, budyń, około połowy cukru, żółtko i rozpuszczone (przestudzone) masło roślinne. Dodajemy ubite z pozostałym cukrem białka. Całość wylewamy na czekoladowy spód. Pozostałą 1/3 ciasta czekoladowego kruszymy na wierzchu sernika. Pieczemy go około godziny i 10 minut w temperaturze 180°C. Koniecznie zostawiamy w zamkniętym piekarniku do rana!

Makowy „sernik" z nerkowców

Czy można zrobić sernik bakaliowy z orzechów? Tak! W dodatku jest naprawdę pyszny!

Potrzebujemy:
(składniki na tortownicę o średnicy 18–20 cm)
Na spód
0,5 szklanki daktyli
1 szklanki płatków migdałów
2 łyżek maku

Na masę
1,5 szklanki nerkowców
6–7 łyżek soku z cytryny (około 1,5 cytryny)
50 g masła roślinnego
2 łyżek miodu (raczej gęstego)
1 laski wanilii
2–3 łyżek maku

Migdały, daktyle i nerkowce zalewamy wodą na noc lub przynaj-mniej na 6 godzin. Migdały i daktyle odsączamy starannie, miksu-jemy z makiem (ale tak, aby były wyczuwalne kawałki migdałów) i otrzymaną masą wykładamy dno tortownicy. Nerkowce odsączamy i starannie osuszamy. Miód i masło roślinne podgrzewamy, mieszamy i miksujemy na gładką masę (cierpliwości!) z nerkowcami, miąższem laski wanilii i sokiem z cytryny oraz dodawanym na końcu makiem. Otrzymaną masę wykładamy do tortownicy na przygotowany wcześniej spód. Wstawiamy do zamrażarki na 2 godziny. Wyjmujemy pół godziny przed podaniem. „Sernik" możemy przechowywać w lodówce na pewno 2–3 dni. Ale kto by pyszny wegański sernik z nerkowców przechowywał tak długo?!

Czekoladowy sernik na zimno (bez pieczenia)

Jestem uzależniona. Nie potrafię nie sięgnąć po kolejny kawałek... I kolejny...

Potrzebujemy:
Na spód
ok. 15 herbatników

Na masę
1 kg serka (wiaderko)
1 szklanki cukru pudru
1 szklanki kakao
100 g masła
1 laski wanilii lub opakowania cukru waniliowego
2–3 łyżeczek rozpuszczonej w wodzie żelatyny

Na polewę
60 g gorzkiej czekolady
1/3 szklanki mleka

Dno tortownicy wykładamy herbatnikami. Do miski wsypujemy cukier wymieszany z kakao, dodajemy ser, miąższ laski wanilii, rozpuszczone masło i żelatynę. Całość miksujemy na gładką masę i wylewamy na herbatniki. Tortownicę wstawiamy do zamrażarki na godzinę, następnie do lodówki. Czekoladę łamiemy na kawałki i powoli podgrzewamy z mlekiem. Mieszamy, aż do otrzymania czekoladowej polewy, którą dekorujemy sernik. Wylewamy ją łyżką, tworząc na wierzchu „nitki", spływające na boki.

Sernik kokosowy bez pieczenia

Biała poezja. Ser, śmietana, wiórki kokosowe i biała czekolada… Całość zwieńczona na przykład świeżymi truskawkami. Idealny deser na lato.

Potrzebujemy:
500 g twarogu
150 g serka mascarpone
1 tabliczki białej czekolady
150 ml śmietanki kremówki (36%)
1 laski wanilii lub zapachu waniliowego
0,5 szklanki wiórków kokosowych

Twaróg miksujemy z serkiem mascarpone i roztopioną białą czekoladą. Osobno ubijamy śmietanę i dodajemy do serowej masy. Na koniec wsypujemy wiórki kokosowe i całość mieszamy. Masę wlewamy do formy (o średnicy 18 cm) i wstawiamy na noc do lodówki. Przed podaniem dekorujemy owocami, np. świeżymi truskawkami. Uwaga! Jeśli chcemy, by sernik był bardziej twardy, do ubitej kremówki dolewamy rozpuszczoną w odrobinie wody żelatynę (1–2 łyżki). Bez żelatyny masa będzie miękka.

Szarlotka z imbirem i cynamonem

Kiedy na dworze leje, wieje i jest paskudnie zimno, koniecznie trzeba poprawić sobie humor czymś pysznym, pachnącym i cieplutkim. Imbirową szarlotką z dodatkiem cynamonu.

Potrzebujemy:
Na ciasto
400 g mąki
180 g masła
150 g cukru
2 żółtek
1 łyżeczki proszku do pieczenia
1 opakowania cukru waniliowego
1 łyżki kwaśnej śmietany

Na nadzienie
2 kg jabłek
1 łyżeczki startego świeżego imbiru
szczypty cynamonu
płatków migdałowych
2 łyżek brązowego cukru
1/3 szklanki koniaku

Z wszystkich składników wyrabiamy ciasto i formujemy je w dwie kule (2/3 i 1/3). Schładzamy w lodówce około godziny. W tym czasie przygotowujemy jabłka – kroimy w kostkę i dusimy w garnku, aż będą miękkie. Do jabłek możemy dodać cynamon, płatki migdałowe oraz starty świeży imbir (około łyżeczki). Możemy też dolać koniaku.

Większą kulę schłodzonego ciasta (2/3) układamy w formie (okrągła, o średnicy około 28 cm), tworząc wysoki brzeg. Podpiekamy w piekarniku nagrzanym do 180°C (góra-dół), aż ładnie się zrumieni. Następnie na podpieczony spód wylewamy duszone jabłka i posypujemy pozostałą resztą ciasta (1/3), którą ucieramy na dużych oczkach lub rwiemy na kawałki. Dodatkowo posypujemy całość płatkami migdałowymi i 2 łyżeczkami brązowego cukru. Pieczemy w temperaturze 180°C jeszcze pół godziny.

Szarlotka wyśmienita

Najlepsza jest z gałką lodów waniliowych lub odrobiną gęstego jogurtu greckiego.

Potrzebujemy:
1 kostki margaryny
0,5 kg mąki
1 szklanki cukru
1 całego jajka
3 żółtek
2 łyżeczek kwaśnej śmietany (18%)
szczypty soli
6 dużych jabłek

Wszystkie składniki (poza jabłkami) zagniatamy dłonią, aż do uzyskania gładkiej masy. Dzielimy ją na dwie części i obie rozwałkowujemy. Jedną wykładamy dno naczynia żaroodpornego. Na nią wysypujemy kawałki jabłek (ósemki/szesnastki, bez ogryzków, rzecz jasna), które przykrywamy drugim płatem rozwałkowanego ciasta. Pieczemy 45 minut w temperaturze 180°C.

Ciasto jogurtowe z morelami

Delikatne, lekkie ciasto jogurtowe z pysznymi morelami. Smakuje świetnie zwłaszcza latem, kiedy na straganach pojawiają się świeże, aromatyczne owoce.

Potrzebujemy:
1 szklanki cukru
3 szklanek mąki
3 jajek
1 opakowania cukru waniliowego
250 ml jogurtu greckiego
0,5 szklanki oleju
2 łyżeczek proszku do pieczenia
3 łyżek brązowego cukru
0,5 kg moreli i brzoskwini

Wszystkie składniki – oprócz owoców – mieszamy ręcznie (nie musimy używać miksera). Masę wykładamy na blachę o wymiarach

25 cm × 30 cm. Następnie wtykamy w nią pokrojone na ósemki morele i brzoskwinie. Całość posypujemy brązowym cukrem.

Ciasto drożdżowo-cytrynowe z wiśniami

Takie ciasta najchętniej pieką nasze babcie. Drożdżowe z lekką, cytrynową nutą, gęste od świeżych, ogrodowych wiśni. Bez wstydu można zjeść nawet połowę.

Potrzebujemy:
Na ciasto
450 g mąki pszennej
110 g roztopionego masła
130 ml mleka
80 g cukru
20 g miodu
skórki startej z 1 cytryny
soku z 1 cytryny
20 g świeżych drożdży
3 jajek
szczypty soli
0,5 kg wiśni

Na kruszonkę
120 g mąki
80 g masła
4 łyżek cukru

Wszystkie składniki – najpierw płynne, potem suche, na końcu droż-dże – wrzucamy do maszyny i wyrabiamy ciasto (możemy je też za-gnieść rękoma). Będzie ono dość rzadkie. Przekładamy je do miski, przykrywamy ściereczką i odstawiamy, by urosło, na około 2 godziny. Po tym czasie ponownie je wyrabiamy i przelewamy do tortownicy (o średnicy 26–28 cm) wyłożonej papierem. Wtykamy przepołowio-ne, wydrylowane wiśnie. Ciasto odstawiamy na około pół godziny, by jeszcze trochę podrosło. Po tym czasie posypujemy je kruszonką i wstawiamy do piekarnika rozgrzanego do 180°C (góra-dół) na około 40 minut.

Sernik na kruchym spodzie z konfiturą morelową

Mokre, serowo-owocowe ciasto z karmelizowaną konfiturą morelową. Zachwyci najbardziej wybrednego smakosza serników.

Potrzebujemy:
230 g mąki
65 g cukru
1 opakowania cukru waniliowego
około 200 g masła
300 g twarogu
50 ml słodzonego mleka skondensowanego
1 jajka
0,5 kg moreli
cukru trzcinowego do posypania

Z mąki, cukru, cukru waniliowego oraz masła wyrabiamy ciasto (ręcznie lub maszyną). Jeśli będzie za suche, możemy dodać łyżkę kwaśnej śmietany. Następnie odkładamy 1/3, a resztą wykładamy blachę o wymiarach 25 cm × 30 cm. Wstawiamy ją na pół godziny do lodówki, by ciasto trochę stwardniało. Po wyciągnięciu nakłuwamy ciasto widelcem i pieczemy przez 25–30 minut w temperaturze 170°C. Musi ładnie się przyrumienić.

Z moreli usuwamy pestki i wrzucamy na patelnię z odrobiną masła. Kiedy puszczą sok, dodajemy kilka łyżek brązowego cukru (ilość cukru zależy od tego, czy morele są kwaśne czy bardziej słodkie) i dusimy tak długo, aż powstanie rodzaj morelowej konfitury. Potem odstawiamy ją do ostudzenia. Twaróg ucieramy z jajkiem oraz mlekiem skondensowanym i wykładamy na podpieczony spód. Następnie na masę serową wykładamy skarmelizowane morele. Pozostałą 1/3 część ciasta rozwałkowujemy na grubość około 0,5 cm, kroimy na wąskie paski, które układamy na warstwie sera. Całość pieczemy około 30 minut w temperaturze 180°C, aż góra ładnie się zrumieni.

Ucierane ciasto z agrestem i malinami

Ogrodowe owoce zatopione w delikatnym cieście. Agrest i maliny to duet idealny, zwłaszcza w połączeniu z ucieranym ciastem z dodatkiem octu balsamicznego i wanilii.

Potrzebujemy:

Na ciasto
200 g masła
200 g cukru trzcinowego
4 jajek

200 g mąki pszennej
60 g mąki ziemniaczanej
1 łyżeczki esencji waniliowej lub 1 opakowania cukru waniliowego
1 łyżki octu balsamicznego
1 łyżeczki proszku do pieczenia
600 g owoców

Na kruszonkę
120 g mąki
80 g cukru
60 g masła

Masło ucieramy z cukrem i wanilią lub cukrem waniliowym. Ucierając, dodajemy po jednym jajku, następnie wlewamy ocet. Mąki przesiewamy z proszkiem do pieczenia i wsypujemy do masy, mieszając, aż powstanie gładkie ciasto. Przekładamy je do tortownicy (o średnicy 26 cm) wyłożonej papierem i wtykamy owoce. Wierzch posypujemy zagniecioną kruszonką. Ciasto pieczemy w temperaturze 180°C przez 50–60 minut.

Kostka cappuccino

Kostka cappuccino – słodka, kawowa, delikatna. Obowiązkowy deser w każdej cukierni.

Potrzebujemy:

Na ciasto
120 g masła
130 g brązowego cukru (wtedy ciasto jest ciemniejsze)
5 jajek
1 tabliczki gorzkiej czekolady
2 łyżek rozpuszczalnej kawy
2 łyżek likieru kawowego
130 g mąki
1 łyżeczki proszku do pieczenia

Na krem
250 g serka mascarpone light
350 g śmietanki kremówki (36%)
2 łyżeczek żelatyny
70 g kawy cappuccino

Masło ucieramy mikserem, aż zrobi się miękkie i jasne. Mieszając, dodajemy do niego czekoladę rozpuszczoną albo w garnuszku, albo w kąpieli wodnej. Następnie wsypujemy cukier, wlewamy rozpuszczoną w 2 łyżkach wody kawę, likier oraz 5 żółtek i dokładnie miksujemy. Na koniec dodajemy proszek oraz mąkę. Osobno ubijamy białka i delikatnie łączymy je z masą czekoladową. Ciasto pieczemy około 35 minut w temperaturze 170°C (góra-dół) w formie o bokach 26 cm × 21 cm lub kwadratowej, np. 23 cm. Wystudzone przecinamy na pół.

Aby przygotować krem, serek mascarpone mieszamy z kawą cappuccino. Jeśli wyjdzie za mało słodki, możemy dodać łyżkę cukru. Ubijamy kremówkę i 1/3 odkładamy do osobnej miseczki. Do pozostałej śmietany wlewamy rozpuszczoną, wystudzoną żelatynę i całość mieszamy z kawowym mascarpone. Masę schładzamy kilka minut w lodówce, a następnie smarujemy nią blat ciasta, przykrywamy drugim blatem, a na wierzch nakładamy bitą śmietanę, którą odłożyliśmy do miseczki. Całość posypujemy cappuccino w proszku zmieszanym z łyżką świeżo zmielonej kawy.

Sernik Baileys

Mariaż jednego z najbardziej popularnych ciast i jednego z najbardziej popularnych kobiecych trunków. Sernik aromatyczny, delikatny i bardzo uzależniający.

Potrzebujemy:
Na spód
200 g ciasteczek „Oreo"
40 g masła

Na masę
75 dag twarogu (np. 0,5 kg twarogu z kubełka oraz 2 opakowania serka „Philadelphia")
200 g cukru
1 laski wanilii
4 jajek

0,5 szklanki likieru Baileys
3 łyżek śmietanki kremówki (36%)

W blenderze kruszymy ciasteczka i dodajemy do nich miękkie masło. Otrzymaną masą wykładamy spód tortownicy (o średnicy 26 cm) i wstawiamy ją na kilka minut do lodówki. W tym czasie przygotowujemy masę serową, mieszając jej składniki, aż się idealnie połączą. Następnie wylewamy ją na spód. Całość pieczemy w temperaturze 170°C około godziny. Na spód piekarnika wstawiamy naczynie z wodą – to rodzaj kąpieli wodnej, dzięki której ciasto nie przypala się i jest bardziej zwarte. Masa serowa nie powinna być sucha, wystarczy, że zetnie się od góry. Kiedy sernik wystygnie, wkładamy go do lodówki.

Babka czekoladowa z zieloną herbatą

Wytrawny smak zielonej herbaty zmieszany z wanilią i czekoladą. Ta babka nie ma sobie równych. Jest zaskakująca w smaku i wyjątkowo delikatna.

Potrzebujemy:
2 szklanek mąki pszennej
1,5 łyżeczki proszku do pieczenia
200 g masła
1 szklanki cukru trzcinowego
5 jajek
1 laski wanilii

0,5 szklanki mleka
4 łyżek kakao
2,5 łyżki zielonej herbaty (zmiksowanej na pył)

Masło ucieramy z cukrem i cały czas miksując, kolejno dodajemy jajka, a na koniec wanilię. Mąkę przesianą z proszkiem dodajemy na przemian z mlekiem, miksując tylko do połączenia się składników. Ciasto dzielimy na pół. Do jednej części dodajemy przesiane kakao, a do drugiej zmiksowaną na pył herbatę. Keksówkę (o wymiarach 27 cm × × 13 cm) smarujemy masłem i oprószamy mąką. Nakładamy na zmianę masę herbacianą i kakaową. Ciasto pieczemy w temperaturze 160°C przez 70–80 minut. Pod koniec pieczenia wilgotność ciasta możemy sprawdzić patyczkiem.

Keks angielski

Klasyka gatunku. Ciasto keksowe z całym mnóstwem bakalii oraz delikatnym posmakiem rumu. Smakuje nawet po kilku dniach posmarowane masłem lub powidłami.

Potrzebujemy:
300 g mąki pszennej
150 ml ciemnego rumu
200 g masła
150 g drobnego cukru do wypieków
4 jajek

1 łyżeczki proszku do pieczenia
60 g suszonych moreli (posiekanych)
65 g suszonych śliwek (posiekanych)
150 g różnych rodzynek
garści żurawiny
garści skórki pomarańczowej

Na dzień przed planowanym pieczeniem zalewamy rodzynki rumem. Następnego dnia przesiewamy mąkę i proszek do pieczenia. Masło ucieramy z cukrem do otrzymania jasnej masy i cały czas miksując, dodajemy kolejno jajka. Następnie wsypujemy mąkę z proszkiem i mieszamy. Wrzucamy posiekane bakalie, skórkę, namoczone rodzynki oraz dolewamy pozostały rum. Keksówkę (o długości około 28 cm) smarujemy masłem i oprószamy tartą bułką. Przelewamy do niej ciasto. Pieczemy je w temperaturze 160°C przez około 20 minut, następnie zwiększamy temperaturę do 175°C i pieczemy kolejne 35–40 minut. Pod koniec tego czasu wilgotność ciasta możemy sprawdzić patyczkiem.

Babka maślana madeira

To chyba najbardziej maślana ze wszystkich babek. Z idealną, chrupiącą skórką dzięki posypce z cukru trzcinowego. Bardzo sycąca i bardzo smaczna.

Potrzebujemy:
300 g mąki pszennej
1 kostki masła
150 g cukru trzcinowego
startej skórki i soku z 1 cytryny
4 jajek
1 łyżeczki proszku do pieczenia

Masło, skórkę z cytryny i cukier miksujemy na jasną, gładką i puszystą masę. Cały czas miksując, dodajemy kolejno jajka, na zmianę z łyżką mąki i proszkiem do pieczenia. Dolewamy soku z cytryny i znów mieszamy. Keksówkę (o długości około 26 cm) smarujemy masłem i oprószamy tartą bułką. Przekładamy do niej ciasto i posypujemy je z wierzchu cukrem. Pieczemy godzinę w temperaturze 170°C. Pod koniec pieczenia wilgotność babki możemy sprawdzić patyczkiem.

Suflet czekoladowy

Miłośnicy czekolady nie będą zawiedzeni. Ciepły, mocno czekoladowy deser, na wpół upieczony, na wpół płynny. Prawdziwe czekoladowe niebo w gębie.

Potrzebujemy:
200 g gorzkiej czekolady
180 g masła
2 jajek
2 żółtek
70 g ciemnego cukru
45 g mąki

Czekoladę łamiemy na kawałki i wrzucamy do garnuszka, dodajemy masło i podgrzewamy na małym ogniu, aby oba składniki się rozpuściły i połączyły. W osobnym naczyniu mieszamy jajka, żółtka i cukier. Dodajemy do nich mąkę, masę czekoladową i dokładnie je mieszamy (możemy mikserem). Gęstą, jednolitą masę przekładamy do foremek na suflety lub foremek muffinkowych. Pieczemy i wyciągamy z piekarnika dość szybko, aby deser był w środku półpłynny.

Deser ptasie mleczko

Chyba nie ma osoby, która przynajmniej raz nie skosztowała ptasiego mleczka. Ta wersja jest trochę inna, ale równie delikatna i puszysta. Czekoladę zastąpiły kruche migdałowe ciasteczka, które idealnie uzupełniają się z lekkim kremem.

Potrzebujemy:
200 ml śmietanki kremówki (36%)
2 płaskich łyżeczek żelatyny rozpuszczonej w 4 łyżkach wody
80 g słodkiego mleka skondensowanego
kilku kruchych, maślanych ciasteczek

Zaczynamy od ubicia śmietany. Kiedy jest już ubita, dodajemy do niej rozpuszczoną żelatynę, następnie skondensowane mleko i dalej ubijamy, aż wszystko się połączy. Kruche ciasteczka rozkruszamy blenderem na pył. Następnie do szklanego naczynia nakładamy 2–3 łyżki ubitej masy, posypujemy ją łyżką sproszkowanych ciasteczek i znowu nakładamy masę. Na wierzchu kładziemy ciasteczka.

Tarta z borówkami i białą czekoladą

Tarta królewska. Kruche, delikatne ciasto wypełnione gęstym, śmietankowo-czekoladowym kremem, wzbogaconym o smak świeżych jagód lub borówek. Pięknie prezentuje się na talerzu.

Potrzebujemy:
Na ciasto
230 g mąki
65 g cukru
1 cukru waniliowego
około 200 g masła

Na krem
200 ml śmietanki kremówki (36%)
120 g serka mascarpone
100 g białej czekolady
100 g mleka skondensowanego
konfitury z czarnej porzeczki

Mąkę, cukier, cukier waniliowy i masło wrzucamy do maszyny i wyrabiamy ciasto (możemy też ręcznie). Jeśli będzie za suche, dodajemy łyżkę kwaśnej śmietany. Następnie wykładamy nim okrągłą blachę o średnicy około 28 cm i wstawiamy na pół godziny do lodówki, by trochę stwardniało. Wyciągamy, nakłuwamy widelcem i wstawiamy do piekarnika. Pieczemy 30–35 minut w temperaturze 170°C. Ciasto musi się ładnie upiec.

Aby przygotować krem, ubijamy na sztywno śmietankę kremówkę, następnie dodajemy do niej mleko skondensowane oraz serek mascarpone i dalej ubijamy. Na koniec wlewamy roztopioną w kąpieli wodnej białą czekoladę i dokładnie mieszamy.

Wystudzony spód smarujemy konfiturą z czarnej porzeczki (lub jagód). Następnie nakładamy nasz krem, a na wierzch wysypujemy borówkę amerykańską. Całość wkładamy na kilka godzin do lodówki.

Tarta cytrynowa z lemon curd

Kwaśne ciasto? Dlaczego nie. Tarta cytrynowa to prawdziwy rarytas dla wszystkich fanów kwaskowatych lub wytrawnych ciast. Krucha, delikatna, mocno orzeźwiająca.

Potrzebujemy:
Na ciasto
240 g mąki
75 g cukru
1 cukru waniliowego
1 kostki masła

Na krem
6 jajek
320 g cukru
70 g mąki pszennej
skórki z 2 cytryn
około 160 ml soku z cytryny
2 łyżek *lemon curd* (przepis na domowy krem na następnej stronie)

Wszystkie składniki na ciasto wrzucamy do maszyny i wyrabiamy. Następnie wykładamy nim blachę prostokątną (25 cm × 30 cm) lub okrągłą (o średnicy 28 cm), ale z wysokim brzegiem. Wstawiamy na pół godziny do lodówki, by ciasto trochę stwardniało. Wyciągamy, nakłuwamy widelcem i wstawiamy do piekarnika. Pieczemy przez 30–35 minut w temperaturze 170°C. Ciasto powinno się ładnie zarumienić – im dłużej je trzymamy, tym będzie ciemniejsze, ale może się też bardziej kruszyć.

Aby przygotować krem, oddzielamy białka od żółtek i ubijamy je na sztywno. Następnie dodajemy partiami cukier oraz kolejno po jednym żółtku, a na koniec *lemon curd* i dalej ubijamy. Wsypujemy mąkę i dokładnie mieszamy. Wrzucamy wiórki cytrynowe oraz wlewamy sok i mieszamy, aż powstanie jednolita, dość płynna masa. Całość wkładamy do piekarnika. Pieczemy przez 30 minut w temperaturze 160°C. Góra powinna ładnie się zrumienić i wyglądem przypominać nieco bezę.

Domowy lemon curd

Świetny zarówno do wafli, jak i na chleb lub jako dodatek do ciasta. Słodko-kwaśny, o mocnym, cytrynowym smaku.

Potrzebujemy:
soku wyciśniętego z 3 cytryn
skórki otartej z 1 cytryny
2 żółtek
2 jajek
200 g cukru
1 łyżki mąki ziemniaczanej

Wszystkie składniki umieszczamy w garnku i zagotowujemy. Gotujemy przez około 2 minuty, cały czas mieszając. Miksujemy ewentualne grudki. Przekładamy do słoiczków i przechowujemy w lodówce.

Ciasto pudding o smaku toffi

Deser wart grzechu. Ciągnące się, puddingowe ciasto o smaku cukierków toffi. Przepędzi wszelkie złe myśli i natychmiast poprawi nastrój.

Potrzebujemy:
Na ciasto
100 g cukru trzcinowego
170 g mąki
1 i 1/3 łyżeczki proszku do pieczenia
1 jajka
125 ml tłustego mleką
kilku kropli aromatu waniliowego
50 g rozpuszczonego masła
150 g daktyli

Na sos
200 g ciemnego cukru, np. trzcinowego
30 g masła w kawałkach
450 ml wrzątku

Naczynie do zapiekania smarujemy masłem. W misce mieszamy cukier z mąką i proszkiem do pieczenia oraz daktylami. W drugiej misce łączymy jajko, mleko, aromat z wanilii i rozpuszczone masło. Następnie płynne składniki wlewamy do sypkich i mieszamy drewnianą łyżką, aż wszystko połączy się w jednolitą masę. Całość wlewamy do naczynia żaroodpornego. Na wierzch wysypujemy 200 g cukru, układamy kawałki masła i zalewamy wrzątkiem. Całość wstawiamy do piekarnika nagrzanego do 190°C na około 45 minut. Upieczony wierzch będzie przypominał ciasto, pod spodem zaś z wrzątku, masła i cukru powstanie gęsty sos toffi. Ten deser można jeść z lodami waniliowymi, polany śmietanką kremówką lub z ubitą śmietanką.

TORTY

Tort dacquoise

Absolutny rarytas wśród wszelkich wypieków. Bezowy, kruchy tort
z delikatnym kremem, suszonymi owocami i orzechami. Prawdziwie
niebiański smak.

Potrzebujemy:
Na spody
7 białek
szczypty soli
350 g cukru pudru
2 łyżek soku z cytryny
kilku suszonych daktyli (pokrojonych w kosteczkę)

Na masę
250 g serka mascarpone
200 ml śmietanki kremówki
150 g masy karmelowej z puszki lub słoika
1 szklanki posiekanych orzechów włoskich, pokrojonych drobno fig
oraz suszonych moreli

Na blasze wyłożonej papierem rysujemy dwa koła o średnicy 20 cm.
Białka ubijamy ze szczyptą soli na sztywną pianę. Nadal ubijając, dodajemy stopniowo cukier puder. Następnie dolewamy sok z cytryny
oraz wrzucamy daktyle i całość mieszamy. Masę wykładamy na zaznaczone na papierze okręgi – jeden wygładzamy, drugi może być bardziej

„pierzasty", bo to będzie góra naszego tortu. Bezy przez 5 minut pieczemy w temperaturze 180°C, a potem zmniejszamy temperaturę do 140°C i pieczemy dalej przez 90 minut. Dobrze jest zostawić oba blaty, aby wystygły w piekarniku – najlepiej przez całą noc – będą wtedy kruche, ale jednocześnie „ciągnące się" w środku.

Serek mascarpone mieszamy z masą kajmakową na gładką masę, następnie na sztywno ubijamy kremówkę i dodajemy ją do serka. Całość mieszamy. Dorzucamy orzechy i suszone owoce i znów całość mieszamy. Na talerzu kładziemy płaski blat bezowy. Smarujemy go karmelowo-bakaliowym kremem i przykrywamy drugim blatem, tym „pierzastym". Smacznego!

Lodowy tort jeżynowo-kokosowy

W upalne dni najlepiej sprawdzają się torty lodowe. Zwłaszcza, gdy smakują kokosem, jeżynami i mają przepyszny spód z orzechów nerkowca.

Potrzebujemy:
Na spód
0,5 szklanki nerkowców
0,5 szklanki obranych migdałów
1 łyżki kakao
50 g oleju kokosowego
2–3 łyżek miodu

Na masę
400 g jeżyn (mogą być mrożone)
1 puszki mleka kokosowego
120 g masła roślinnego

4–6 łyżek cukru
4 łyżek miodu
garści wiórków kokosowych

Nerkowce i migdały namaczamy dzień wcześniej. Następnego dnia odcedzamy i miksujemy (możemy zostawić kawałki migdałów), dodając kakao. Do zmiksowanej masy dodajemy roztopiony olej i miód. Całość dokładnie mieszamy. Masą wykładamy spód formy (o średnicy 18 cm) i wstawiamy ją do lodówki.

Aby przygotować masę, najpierw roztapiamy masło roślinne, a następnie wszystkie składniki (oprócz wiórków kokosowych) miksujemy na jednolitą masę. Na koniec dodajemy wiórki i mieszamy szpatułką. Krem wylewamy na przygotowany wcześniej spód i wstawiamy na kilka godzin do zamrażalnika. Przed podaniem dekorujemy jeżynami i płatkami kokosowymi i czekamy (około 20 minut), aż torcik da się pokroić. Tortu nie zamrażamy ponownie.

Tort biszkoptowy z truskawkami

Prosty i smaczny torcik na lato. Delikatny, puszysty biszkopt przełożony śmietankową masą i świeżymi truskawkami. Uwielbiają go zwłaszcza dzieci.

Potrzebujemy:
Na ciasto
5 jajek
3/4 szklanki cukru

1 cukru waniliowego
3/4 szklanki mąki pszennej
1/4 szklanki mąki ziemniaczanej
2 łyżeczek proszku do pieczenia
1 łyżki octu jabłkowego
kilku kropli aromatu śmietankowego

Na masę
250 g serka homogenizowanego
120 g serka mascarpone
100 ml śmietanki kremówki (30%)
100 ml słodzonego mleka skondensowanego
2 garści truskawek (mogą być mrożone)

Białka ubijamy z cukrem oraz cukrem waniliowym na sztywną pianę. Żółtka mieszamy z octem, zapachem i proszkiem do pieczenia i dodajemy do nich ubitą pianę i mąkę. Biszkopt pieczemy w temperaturze 180°C około 25 minut. Odstawiamy do ostygnięcia i dzielimy na trzy równe blaty.

Aby przygotować krem, śmietankę ubijamy na sztywno. Dodajemy do niej serek homogenizowany utarty z mascarpone oraz mlekiem i mieszamy, aż powstanie jednolita masa. Jedną trzecią masy odkładamy i dodajemy do niej truskawki.

Blaty biszkoptów smarujemy naprzemiennie − masą białą (serowo--śmietankowa), masą różową (truskawkowa) i znowu białą (wierzch oraz boki). Całość dekorujemy truskawkami.

Tort Marcello

Czekolada i wiśnie, czyli zjawiskowy tort Marcello. Często zamawia się go na przyjęcia ślubne, bo nie dość, że cudownie wygląda, to jeszcze wybornie smakuje.

Potrzebujemy:
Na ciasto
5 jajek
3/4 szklanki cukru
1 cukru waniliowego
3/4 szklanki mąki pszennej
1/4 szklanki mąki ziemniaczanej
2 łyżeczek proszku do pieczenia
3 łyżek kakao
50 g startej gorzkiej czekolady

Na krem
250 g gorzkiej czekolady
0,5 szklanki mleka
250 g masła (miękkiego)
3/4–1 szklanki cukru pudru

Do dekoracji
świeżych wiśni

Białka ubijamy z cukrem oraz cukrem waniliowym na sztywną pianę. Żółtka mieszamy z kakao, roztopioną czekoladą i proszkiem do pieczenia i dodajemy do nich ubitą pianę i mąkę. Biszkopt pieczemy w temperaturze 180°C przez około 25 minut. Odstawiamy do ostygnięcia i dzielimy na 3 równe blaty.

Aby przygotować krem, miękkie masło ucieramy mikserem na puszystą masę. Cały czas ubijając, dodajemy do niego cukier. Mleko podgrzewamy i rozpuszczamy w nim czekoladę. Ciepłą czekoladę dodajemy do masy maślanej, cały czas miksując, by się nie zwarzyła. Całość odstawiamy do lodówki, by zgęstniała.

Każdy z blatów biszkoptu smarujemy kremem i nakładamy na niego wiśnie. Wierzch tortu również smarujemy czekoladowym kremem i dekorujemy wiśniami. Tort schładzamy kilka godzin w lodówce.

════════════════

Tort cappuccino

Kawowy, delikatny i puszysty. Tort cappuccino nie ma prawa się znudzić, zwłaszcza tym, którzy lubią ciasta lekkie, ale o wyrazistym smaku.

Potrzebujemy:

Na ciasto
200 g mąki

100 g masła

3 jajek

180 g cukru

2 łyżeczek proszku do pieczenia

100 ml mleka

Na krem
4 żółtek

180 g cukru trzcinowego

500 g serka mascarpone
2 łyżeczek żelatyny w proszku
4 łyżek kawy rozpuszczalnej
3 łyżek likieru kawowego
300 ml śmietanki kremówki (36%)
100 ml wody

Jajka ubijamy z cukrem tak długo, aż cukier całkiem się rozpuści. Do ubitej masy dodajemy przesianą z proszkiem do pieczenia mąkę i delikatnie mieszamy. Powoli wlewamy mleko i roztopione masło. Biszkopt pieczemy w temperaturze 180°C przez 25–30 minut. Studzimy i dzielimy na 3 cienkie blaty.

Aby przygotować krem, dokładnie ubijamy żółtka z cukrem i mieszamy z serkiem mascarpone. Żelatynę rozpuszczamy w kilku łyżkach gorącej wody i dodajemy do rozpuszczonej kawy. Następnie podgrzewamy na małym ogniu, mieszając, aż żelatyna się rozpuści. Po zdjęciu z ognia dodajemy likier. Śmietankę ubijamy na sztywno i mieszamy ją z masą mascarpone.

Pierwszy blat nasączamy mieszanką kawy z likierem i rozsmarowujemy na nim 1/3 kremu. To samo robimy z pozostałymi blatami. Wierzch tortu smarujemy kremem i posypujemy odrobiną sproszkowanej kawy. Całość chłodzimy w lodówce.

Tort jabłkowo-pomarańczowy, na ostro

Słynny, wegański tort, którego wykonanie wymaga odrobiny cierpliwości, ale smak na pewno zrekompensuje poświęcony czas!

Potrzebujemy:

Na spód
1 i 1/4 szklanki płatków migdałów
1 szklanki daktyli
2 czubatych łyżeczek startej skórki pomarańczy

Na masę
8 jabłek
1 szklanki daktyli
2/3 szklanki orzechów włoskich
0,5 szklanki rodzynek
soku z 0,5 cytryny
1 łyżeczki cynamonu
1/4 łyżeczki gałki muszkatołowej

Do dekoracji
1 i 1/4 szklanki płatków migdałów
1 szklanki daktyli
2 łyżek startej skórki pomarańczy

Dzień przed planowanym przygotowaniem tortu namaczamy w wodzie migdały, daktyle i orzechy włoskie (te ostatnie pokrojone na dość drobne kawałki).

Następnego dnia daktyle i migdały odsączamy starannie z wody i miksujemy wraz ze startą skórką pomarańczy na masę (możemy zostawić w niej wyraźnie wyczuwalne kawałki bakalii). Wykładamy nią dno i brzegi wysmarowanej oliwą tortownicy (o średnicy 20, maksymalnie 25 cm), przy czym mniej masy powinniśmy rozprowadzić na środku, więcej w kierunku brzegów. Wstawiamy do lodówki na czas obierania i krojenia składników na masę owocową.

Cztery jabłka ścieramy na tarce o grubych oczkach, kolejne 4 kroimy w kostkę (możemy je na około pół godziny namoczyć w soku z pomarańczy). Odsączamy z nadmiaru soku, mieszamy i szybko dodajemy sok z połówki cytryny. Daktyle odsączamy i drobno siekamy. Dodajemy odsączone orzechy włoskie, rodzynki, gałkę muszkatołową i cynamon. Całość wykładamy na spód.

W robocie miksujemy na krem odsączone migdały, skórkę z pomarańczy oraz daktyle, dodajemy także słodką wodę, w której daktyle spędziły nockę. Tym, co zostało, smarujemy wierzch tortu. Do dekoracji możemy użyć również startej skórki z pomarańczy lub orzechów.

Jeśli obawiacie się, czy tort da się pokroić, zawsze możecie wybrać bezpieczniejsze rozwiązanie – 3 warstwy układacie kolejno w szklankach i podajecie jako deser.

Tort czekoladowy z awokado

Kolejna niespodzianka, czyli tort bez mąki, jajek i masła. Samo zdrowie na deser.

Potrzebujemy:
Na spód
1,5 szklanki płatków migdałów
25 g oleju kokosowego (dostępny w sprzedaży wysyłkowej
lub sklepach ze zdrową żywnością)
1 łyżki miodu
1 łyżki cukru
1 łyżki kakao

Na masę
5 niewielkich, miękkich awokado
150 g oleju kokosowego
80 g przesianego kakao
8–9 łyżek cukru
1–2 lasek wanilii

Do dekoracji
pestek granatu

Składniki na spód (olej podgrzany, aby się rozpuścił) miksujemy na masę, która jednak powinna mieć wyraźnie wyczuwalne kawałeczki migdałów, i wykładamy nią dno tortownicy.

Awokado przekrawamy wzdłuż na połówki, wyjmujemy pestkę i wydobywamy łyżką miąższ. Miksujemy go razem z roztopionym olejem na gładki krem. Próbujemy i w razie potrzeby dosładzamy. Wykładamy masę na przygotowany spód. Palcem robimy na wierzchu fantazyjne ozdobne zawijasy (można to potraktować jako kolejny pretekst do wyjadania). Całość wstawiamy do zamrażarki na 2–3 godziny, następnie przekładamy do lodówki. Owoce do dekoracji – ja wybrałam pestki granatu – układamy tuż przed podaniem tortu.

Tort lodowy z musem truskawkowym

Idealnie, jeśli na bokach i z wierzchu mocno stężeje, ale w środku pozostanie miękki i rozpłynie się w ustach smakoszy.

Potrzebujemy:
500 ml jogurtu greckiego
około 300 ml śmietanki kremówki (30%)
6 łyżek cukru
mniej niż 1 kg truskawek
herbatników

Herbatniki układamy na dnie tortownicy i wkładamy ją do schłodzenia do zamrażalnika. Śmietankę ubijamy z cukrem, następnie dodajemy jogurt. Miksujemy. Wykładamy od razu pierwszą warstwę, o grubości około 1 cm, na herbatniki i wstawiamy natychmiast do zamrażalnika na około 20 minut.

Osobno blendujemy truskawki (zostawiamy kilka do dekoracji). Wylewamy delikatnie pierwszą warstwę na białą masę. I teraz mamy dwie możliwości: możemy się dalej bawić w równiutkie warstwy (warstwa, zamrażalnik na około pół godziny i dopiero następna) i wtedy tort będzie idealnie pasiasty albo możemy po prostu mniej więcej wykładać kolejne warstwy, starając się utrzymać pasy na brzegach, natomiast środek może być częściowo wymieszany.

Na wierzchu układamy warstwę białą, którą dekorujemy truskawkami (całymi lub kawałkami). Wstawiamy do zamrażarki. Po około 2 godzinach wyjmujemy i nacinamy już kawałki oraz oddzielamy nożem brzegi od tortownicy. Będzie nam wtedy łatwiej kroić całość przed podaniem.

W sumie (od momentu wstawienia całości) mrozimy tort około 6 godzin. Mamy wtedy pewność, że brzegi będą mocno ścięte, ale w środku miejscami znajdziemy miękki, gęsty, cudowny krem śmietankowy z musem truskawkowym.

Po podaniu tortu pozostałe kawałki od razu wstawiamy do zamrażalnika. Jeśli stężeją zbyt mocno, to przed podaniem trzeba je pozostawić w temperaturze pokojowej przeż 20–30 minut.

Tort lodowy z malinami i polewą czekoladową

Elegancki i efektowny. Lody i maliny plus czekolada, czyli rozkosz dla podniebienia.

Potrzebujemy:
cukru pudru
600 g malin
2–3 łyżek maku
50 g gorzkiej czekolady

570 ml śmietanki kremówki (30%)
(500 ml na tort i 70 ml do polewy czekoladowej)

Możemy użyć 1 kartonika śmietanki 500 ml, z czego około 430 na tort, a resztę zostawić do przygotowania polewy. Wówczas, żeby tort nie był za niski, musimy dodać więcej owoców albo mały jogurt naturalny.

Na początek wkładamy do zamrażarki pustą tortownicę, wtedy szybciej zmrozi się pierwsza warstwa lodów. Śmietankę ubijamy z cukrem, którego ilość zależy od upodobania. Dodajemy mak (i jogurt, jeśli robimy tort z 1 pojemnika śmietany). Łyżką smarujemy boki tortownicy – będą gładkie, proste i białe – i wkładamy ją do zamrażarki. Po 10–15 minutach resztę śmietany mieszamy z malinami, wrzucamy do tortownicy i znów do zamrażarki. Tym razem na około 3 godziny. Tort jest najlepszy właśnie wtedy, gdy z zewnątrz trzyma kształt, ale w środku są miejsca nie do końca zamarznięte – krem śmietanowy ze schłodzonymi owocami.

Polewę przyrządzamy, rozpuszczając kawałki czekolady w podgrzewanej śmietance. Kiedy będzie powoli stygła, sprawdzamy konsystencję. Jeśli zbyt mocno zgęstnieje (i nie da się jej wylewać łyżką), dodajemy odrobinę śmietany lub mleka. Tort dekorujemy czekoladą tuż przed podaniem.

Jeśli zdarzy się wam wstawić do zamrażarki pozostałości, to pamiętajcie, żeby przed kolejnym etapem uczty lodowej wyjąć cudo przynajmniej kwadransik wcześniej. W przeciwnym razie tort będzie zbyt mocno zmrożony.

Tort bezowy z karmelem i truskawkami

Bardzo kruchy i bardzo smaczny. Tort bezowy z dodatkiem pysznego karmelowego kremu, którego słodki smak przełamują świeże truskawki. Smakuje wybornie zwłaszcza latem, serwowany na podwieczorek lub wczesnym wieczorem, gdy świat powoli układa się do snu.

Potrzebujemy:
białek z 8 jajek
około 400 g cukru
szczypty soli
truskawek
50 ml śmietanki kremówki (36%)
50 g serka mascarpone
50 g masy kajmakowej

Na blasze wyłożonej papierem rysujemy dwa koła o średnicy 20 cm. Białka ubijamy ze szczyptą soli na sztywną pianę. Cały czas ubijając, dodajemy stopniowo cukier puder. Masę wykładamy na zaznaczone na papierze okręgi. Jeden wygładzamy, drugi może być bardziej „pierzasty" – to będzie góra naszego tortu. Wstawiamy do nagrzanego do 180°C piekarnika, po 5 minutach zmniejszamy temperaturę do 140°C i pieczemy dalej przez 90 minut. Dobrze jest zostawić oba blaty, aby wystygły w piekarniku – najlepiej przez całą noc – będą wtedy kruche, ale jednocześnie „ciągnące się" w środku.

Śmietankę kremówkę ubijamy, dodajemy do niej serek mascarpone oraz masę kajmakową. Kiedy bezowe blaty wystygną, nakładamy na jeden z nich krem, a na niego pokrojone truskawki. Przyduszamy całość drugim blatem, który również możemy z wierzchu posmarować masą i udekorować owocami.

Tort truflowy z kremem kokosowym

Jego smaku nie da się opisać, nie da się wyrazić słowami, trzeba spróbować i zachwycić się, zakochać...

Potrzebujemy:
0,5 szklanki brązowego cukru
2 tabliczek gorzkiej czekolady
2 tabliczek mlecznej czekolady
1 szklanki śmietanki kremówki (30%)
6 jajek
1/3 szklanki rumu
2 puszek mleka kokosowego
garści wiórków kokosowych
miodu

Czekolady rozpuszczamy w kąpieli wodnej. Śmietankę mieszamy z rumem. Jajka ubijamy z cukrem na gładką masę i powoli, bez przerwy miksując, dodajemy do nich ciepłą czekoladę. W międzyczasie dolewamy porcjami śmietankę z rumem.
Tortownicę o średnicy 20–24 cm wykładamy delikatnie folią aluminiową. Kolejnym kawałkiem folii okładamy całą tortownicę od spodu

oraz jej boki. Wlewamy do środka masę. Tortownicę umieszczamy w większym naczyniu żaroodpornym, do połowy wypełnionym gorącą wodą. Taki zestaw w całości wstawiamy do piekarnika. Pieczemy około 35 minut w temperaturze 180°C. Następnie jeszcze 30 minut po przykryciu masy kawałkiem folii aluminiowej. Wyjmujemy z piekarnika i studzimy najpierw w temperaturze pokojowej, następnie przynajmniej 8 godzin w lodówce (najlepiej całą noc).

Puszki z mlekiem kokosowym schładzamy wcześniej w lodówce. Otwieramy delikatnie, starając się zbytnio nie potrząsać. Masę z puszek przekładamy do miseczki. Jej konsystencja jest zbyt gęsta, aby jej użyć jako kremu. Można ją rozcieńczyć, mieszając z miodem (ilość zależy od tego, jak słodką lubimy masę). Dodajemy także wiórki kokosowe. Tort smarujemy kremem kokosowym rano, po wyjęciu z lodówki. Następnie znów wstawiamy go do lodówki na przynajmniej 1–2 godziny.

Tort marcepanowy z malinami

Gratka dla wielbicieli marcepanu, dla których maleńki batonik to za mało.

Potrzebujemy:
Na ciasto
7 jajek
1 szklanki cukru pudru
1 szklanki mąki pszennej
1 łyżeczki proszku do pieczenia
100 g płatków migdałowych
kilku, kilkunastu kropli aromatu migdałowego

aromatu do skropienia biszkoptu
100 ml amaretto
3 łyżek soku z cytryny

Na masę
300 g gotowego kremu marcepanowego
(do kupienia w sprzedaży wysyłkowej)
300 g konfitury malinowej z kawałkami owoców
1 szklanki cukru pudru
250 g serka homogenizowanego
1/3 szklanki śmietanki kremówki (36%)
3 łyżek likieru pomarańczowego (np. Cointreau)

Na polewę
2 tabliczek białej czekolady
0,5 szklanki śmietany (18%)
kilkunastu kropli aromatu migdałowego

Do dekoracji
świeżych malin

Białka ubijamy na sztywną pianę. Ciągle miksując, wsypujemy cukier puder, aż do otrzymania gęstego, gładkiego kremu. Kolejno dodajemy żółtka.

Przesianą mąkę mieszamy z proszkiem do pieczenia oraz drobno zmielonymi płatkami migdałów (w niektórych marketach można kupić już zmielone) i wsypujemy powoli do ubitych jajek. Dodajemy także aromatu migdałowego. Masę wlewamy do tortownicy. Pieczemy

30 minut w temperaturze 170°C. Studzimy i kroimy wzdłuż na 3 części (najłatwiej jest przeciąć nitką).

Masę marcepanową dzielimy na 2 części. Każdą z nich rozwałkowujemy, między dwiema warstwami folii spożywczej, na krążki o średnicy odpowiadającej tortownicy.

Na dużym talerzu lub paterze kładziemy pierwszy blat biszkoptu. Skrapiamy go mieszanką amaretto i soku z cytryny (używamy do tego mniej niż połowy tych aromatów). Układamy na nim jeden z płatów masy marcepanowej i smarujemy go cienko konfiturą z malin. Następnie śmietankę ubijamy z cukrem, łączymy z serkiem i likierem pomarańczowym. Połowę kremu rozsmarowujemy także na płacie marcepanu z malinami (częściowo wymiesza się z konfiturą). Teraz układamy drugi blat biszkoptu. Skrapiamy go – podobnie jak pierwszy – niespełna połową aromatu (amaretto i sok z cytryny). Na to znów wykładamy krążek marcepanu, maliny oraz krem. Całość przykrywamy trzecim blatem, który skrapiamy pozostałymi płynnymi składnikami.

Pokruszoną białą czekoladę roztapiamy w gorącej śmietance i dodajemy aromat migdałowy. Podgrzewamy kilka minut, mieszając, aż czekolada się roztopi. Polewa musi mieć taką konsystencję, aby łatwo dawała się rozprowadzić na torcie (to, jak szybko zastyga, można przetestować na schłodzonym talerzyku). Jeśli jest za gęsta, możemy dodać odrobinę śmietany, a jeśli za rzadka – podgrzać ją.

Tort dekorujemy masą z białej czekolady, a na wierzchu układamy gęsto świeże maliny.

I na koniec cudowne, niepowtarzalne, a do tego przepyszne...

CIASTO „KOCHAM CIĘ"

(bez pieczenia!)

To ciasto, mimo że nie wymaga pieczenia, do najłatwiejszych nie należy, ale trudne są tylko początki. Za którymś razem zrobicie je z zamkniętymi oczami, a w wersji uproszczonej można je przygotować błyskawicznie: niespodziewani goście? – tylko ciasto „Kocham Cię". A oto przepis.

Potrzebujemy:
1 l mleka
1 l śmietanki kremówki (30–36%)
1 kostki masła
1 szklanki mąki
0,5 szklanki i 2 czubatych łyżek cukru
4 żółtek
1 cukru waniliowego
2 opakowań śmietan-fixu (lub żelatyny do deserów)
800 g masy krówkowej (1,5 puszki)
2 opakowań krakersów
100 g drobnych rodzynek
100 g migdałów w płatkach (lub grysiku z orzeszków ziemnych)

Ciasto składa się z następujących warstw:
od spodu jedna warstwa krakersów
krem budyniowy (gotowy z paczki lub specjalnie zrobiony)
warstwa krakersów
masa krówkowa

warstwa krakersów
bita śmietanka
posypka rodzynkowo-migdałowa

Spokojnie! To tylko tak skomplikowanie brzmi! W rzeczywistości jest proste i nie trzeba nawet znać przepisu, by je zrobić ponownie. Proporcje podane są na dużą brytfankę – jeśli robisz ciasto w tortownicy (jako tort prezentuje się wspaniale), podziel proporcje na pół.

Na początku wyjmujemy z lodówki masę krówkową – musi mieć temperaturę otoczenia. Formę wykładamy warstwą krakersów, starając się, by pokryły całe dno (ale nie kruszymy ich, powinny być w całości!), zalewamy je cieniutką warstewką mleka, by wchłonęły płyn i były miękkie.

Teraz przygotowujemy krem budyniowy (jeśli z paczki, to tylko „tradycyjny", czyli na gotowanym mleku, „3-minutowe" wynalazki są do niczego).

Aby przygotować krem budyniowy, 3 szklanki mleka doprowadzamy do wrzenia. Używamy mleka świeżego, nie żadnego UHT! Jedną szklankę miksujemy z 4 żółtkami, cukrem waniliowym i pół szklanki cukru. Gdy powstanie apetyczna, słodka piana, dodajemy powoli szklankę mąki pszennej, nadal miksując. Wlewamy puszystą masę do wrzącego mleka, nadal miksując lub energicznie mieszając, żeby się nie przypaliło, i gotujemy przez chwilę na małym ogniu. Musimy wyczuć, kiedy mąka nie jest już surowa, ot co. Na koniec zestawiamy rondel z ognia i dodajemy do gorącej masy kostkę masła.

Wylewamy masę budyniową na krakersy. Może być nadal gorąca, szybko wystygnie. Rozkładamy na masie drugą warstwę krakersów. Gdy masa będzie chłodna i krakersy też, wykładamy je warstwą masy krówkowej. Nie musi być gruba, wystarczy, jeśli będzie miała 3–5 mm.

Na masę krówkową kładziemy trzecią warstwę krakersów i wstawiamy ciasto do zamrażalnika, żeby się szybko schłodziło.

Ubijamy na sztywno litr śmietanki wprost z lodówki (gdy będzie choć trochę ciepła, podczas ubijania natychmiast się zmieni w słodkie masło), dodając pod koniec ubijania 2 czubate łyżki cukru i 2 paczuszki śmietan-fixu lub żelatynę do deserów przygotowaną według przepisu na opakowaniu. Śmietanka musi być ubita na sztywno! Wyjmujemy ciasto z zamrażalnika. Na trzecią warstwę krakersów wykładamy bitą śmietankę.

Dwie paczki płatków migdałowych wysypujemy na suchą patelnię (nie dodajemy żadnego oleju, nic, tylko migdały i patelnia) i prażymy na dużym ogniu z wyczuciem, by się zarumieniły, ale nie spaliły (choć przypalone też są dobre). Mieszamy w miseczce paczkę drobnych rodzynek z prażonymi migdałami i gdy ostygną, wysypujemy je, jako ostatnią warstwę, na śmietankę.

Wersja uproszczona

Potrzebujemy:
2 paczek kremu budyniowego
1 l mleka
1 kostki masła
masy krówkowej
2 paczek krakersów
100 g rodzynek
100 g migdałów w płatkach
2 bitych śmietanek w sprayu

Jak wyżej: wykładamy formę krakersami, przygotowujemy krem budyniowy według przepisu na opakowaniu, na koniec dodając kostkę masła. Wykładamy krem na krakersy, przykrywamy krakersami, wykładamy masę krówkową, przykrywamy krakersami, wykładamy śmietankę w sprayu, posypujemy rodzynkami i prażonymi migdałami. Oto cała filozofia! Pamiętajmy jednak o tym, że bita śmietanka w aerozolu to sama tablica Mendelejewa i najmniej jest tam samej śmietanki, a przygotowanie kremu budyniowego domowej roboty zajmuje tyle samo czasu co tego z paczki.

Teraz wkładamy ciasto na godzinę do zamrażalnika i… gotowe!

Tym ciastem możemy wyznać komuś miłość, możemy też zdobyć czyjeś serce… Uwielbiam je przygotowywać, uwielbiam nim częstować miłych gości.

Smacznego!

Rozdział IV

T.

Ach, cóż to były za urodziny!

Gwiazdą wieczoru okazała się oczywiście nie Amelia, a maleńka koteczka – o co dziewczyna nie miała do niej najmniejszej pretensji, wręcz przeciwnie: była dumna, że jej zwierzątko, jej własne!, wzbudza tyle ciepłych uczuć u gości, którzy to goście owo zwierzątko Amelii podarowali. Co za wariactwo!

Na początku, gdy już nowa mieszkanka kamieniczki pod numerem trzecim obeszła swoje włości, a wszystkie cztery – Amelia, Ksenia, Tosia i Marylka – obeszły te włości za nią, zachwycając się koteczką, została ona odłowiona i... wykąpana w szamponie dla kotów, który razem z kuwetą podarowała jubilatce Tosia. W wyprawce była też mała obróżka z identyfikatorem, gdyby zwierzątko – odpukać – zaginęło. Marylka zaś skoczyła do swojego sklepu i przyniosła cały koszyk karmy dla kociąt w puszkach – w ten sposób koteczka została zaopatrzona na najbliższe kilka lat...

Co najdziwniejsze zwierzak nie protestował przeciwko kąpieli! Znosił wszystkie zabiegi, jakimi jego nowa pani go częstowała: mydlenie, spłukiwanie, wycieranie uszek, suszenie warczącą suszarką, a na koniec nałożenie obróżki, z ufnością w zielonych oczach i nieprzerwanym mruczeniem.

Rozczulało to kobiety niemal do łez.

– Ile musiało przejść to biedactwo, skoro teraz jest takie szczęśliwe – powiedziała na głos Marylka to, co myślały one wszystkie.

Kotek owinięty w ręcznik, z którego wystawała jedynie główna zamknął oczy i zasnął na kolanach Amelii, wzdychając przedtem głęboko, jakby wreszcie odnalazł spokojną przystań…

Amelia, choć trudno było jej się rozstać ze zwierzątkiem, przełożyła je ostrożnie na łóżko i powiedziała, ściszając głos:

– Prezent zasnął, możemy rozpocząć imprezę.

Stół już czekał, pięknie udekorowany przez Marylkę zastawą w niezapominajki i kwiatkami, które sama Amelii przyniosła. Teraz, gdy goście usiedli dookoła, należało dopieścić ich podniebienia, więc Amelia zaczęła przynosić przygotowywane przez cały dzień słodkości: babeczki, pralinki, rafaello, trufle migdałowe… Wszystko pięknie ułożone na talerzach albo paterach, wszystko wzbudzające zachwyt i chęć skosztowania.

– Jakie to śliczne! One są naprawdę do jedzenia, czy tylko do podziwiania? Dasz mi przepis na te cudeńka? – Tosia z Ksenią wprost nie mogły uwierzyć oczom, że można ze zwykłych ciastek stworzyć dzieło sztuki. Marylka tylko uśmiechała się do Amelii, bo ona przecież przyszła wcześniej i już wiedziała, czego się spodziewać. Była też dumna z gospodyni, jakby to ona sama, Marylka, upiekła takie wspaniałości.

Na stół wjeżdżał właśnie dzbanek z herbatą, której aromat świeżych cytrusów i... jeszcze czegoś, jakiejś magicznej nuty... wprost obezwładniał i drugi, z kawą, pachnącą równie pięknie. Do tego cukiernica, w niezapominajki oczywiście, i dzbanuszek ze śmietanką.

Niczego więcej nie trzeba było.

– Poczekajcie! Poczekajcie! – zakrzyczała Ksenia, gdy dziewczęta już miały sięgnąć po pierwsze ciasteczko. – Mam szampana w samochodzie! Pomyślałam sobie, że się przyda! Przecież to twoje dwudzieste piąte urodziny! No chyba że jesteś abstynentką... – zawiesiła głos, spoglądając na Amelię.

– Nic mi o tym nie wiadomo, a o szampanie po prostu zapomniałam – odparła z rozbrajającą szczerością dziewczyna. – I o świeczkach także.

Marylka bez słowa poderwała się z miejsca i już, po raz kolejny tego dnia, zbiegała na parter, a potem przecinała rynek, by wpaść do swojego sklepu po urodzinowe świeczki. Wróciła parę minut później, zziajana, ale szczęśliwa, wręczając Amelii dwa opakowania. Ta uścisnęła przyjaciółkę i z namaszczeniem zaczęła umieszczać świeczki na kawałku ciasta „Kocham Cię". Świeczki się chwiały, a zapalone zaczęły spływać z ciasta, wzbudzając tym nieopanowaną wesołość gości i gospodyni.

– No dalej, pomyśl życzenie i zdmuchnij, bo będziemy je zaraz jako dodatek do prażonych migdałów i bitej śmietany wcinać!

Amelia przymknęła oczy, życzenie zostało wypowiedziane w myślach, świeczki zdmuchnięte co do jednej. Przyjaciółki obdarowały ją za to gromkimi brawami.

– Spełni się! Na pewno się spełni!

– Przyznaj, że pomyślałaś o Olgierdzie!

– O twoim głupim bracie, co to „chciałby, ale nie może"? Daj spokój, Tośka...

– On może, na pewno może, tylko wiecie, jak to jest z facetami: wolność ponad wszystko, ale kiedyś, jestem tego pewna, zatęskni za rodziną, za żoną, za dziećmi i wtedy...

– Wtedy Amelia będzie stateczną mężatką, otoczoną gromadą własnych dzieciaków, a Olgierd-chciałbym-ale--później obejdzie się smakiem. I zgarnie jakąś durną laskę z wielkiej korporacji, która będzie miała nogi do samej ziemi, wielki biust, mały mózg i zdradzi go następnego dnia po ślubie. Z kumplem z pracy...

– Masz kiepskie mniemanie o laskach z wielkich korporacji, droga Kseniu – zauważyła Amelia, która przysłuchiwała się przekomarzaniu przyjaciółek, z trudem powstrzymując śmiech.

– Raczej o moim bracie – rzuciła Tosia. – Bo dał jej kosza ładnych parę razy.

– Nie przystawiałam się do twojego brata! – wykrzyknęła z oburzeniem Ksenia. – Jest dla mnie za młody!

– Raczej ty dla niego za stara – odgryzła się Tosia.

One zawsze tak? – zapytała Amelia Marylkę bezgłośnie. Marylka kiwnęła głową.

– Jakbym chciała, to bym miała. – Ksenia odrzuciła w tył piękne, jasne włosy i odęła usta pociągnięte subtelną pomadką. Była piękną kobietą i rzeczywiście, gdyby zagięła parol na jakiegokolwiek mężczyznę…

– Olgierd nie jest dla ciebie – odparowała Tosia. – Ty się od lat kochasz nieszczęśliwie w swojej pierwszej miłości, uprzejmie przypominam. To do niego wzdychasz noce i dnie…

Do kogo?! – znów bezgłośne pytanie.

Kiedy indziej – i taka sama odpowiedź Marylki.

– Masz nieaktualne informacje. – Ksenia zmroziła Tosię wzrokiem. – Przeszło mi jakiś czas temu i rozglądam się za kimś na poważnie. I nie, nie mam tu na myśli pięknego Olgierda, który większość roku spędza w Afryce, wioząc wodę, leki i żywność umierającym dzieciom, za co go naprawdę szanuję i podziwiam, a kogoś, kto będzie ze mną tu i teraz. Na wyciągnięcie ręki, a nie na mail raz w miesiącu, o ile złapie zasięg w komórce…

Tosia posmutniała, Ksenia także miała niewesołą minę. Nastrój z prawdziwie urodzinowego zmienił się jak za dotknięciem czarodziejskiej różdżki na niemal pogrzebowy, trzeba więc było tą różdżką machnąć jeszcze raz.

Amelia bez namysłu chwyciła szampana, o którym na śmierć zapomniały, bo po zdmuchnięciu świeczek rozgorzała dyskusja na temat Olgierda, siłowała się chwilę z otwarciem butelki, ale gdy korek wystrzelił i karminowy płyn, musując rozkosznie, popłynął do kieliszków, humory od razu się poprawiły.

– Za spełnienie marzeń. – Amelia uniosła swój.

– Za prawdziwą miłość – dodała Ksenia.

– I za przyjaźń – dorzuciła Marylka.

Tylko Tosia trzymała swój kieliszek, a w oczach szkliły jej się łzy.

– No, Tośka, nie łam się. Dodaj życzenie! – Ksenia trąciła ją łokciem w ramię. – Przecież wiesz, że ja tak tylko gadam, ale kocham cię jak młodszą siostrę. Proszę, Tosieńko, jeśli to przeze mnie… – Ksenia chciała objąć dziewczynę, która otarła wierzchem dłoni wilgotne oczy, ale ta uśmiechnęła się i powiedziała jasnym, pełnym wiary i nadziei głosem:

– I żeby nasi najbliżsi i najukochańsi zawsze do nas wracali.

– Piękny toast – rzekła Amelia stanowczo. – Najpiękniejszy.

Kieliszki brzęknęły.

Szampan smakował wybornie.

A słodkości przygotowane przez Amelię jeszcze wspanialej, czego dziewczęta nie omieszkały jej powiedzieć, zachwycając się każdym kęsem. Zaś ciasto „Kocham Cię" stanowiło ukoronowanie wieczoru.

– Nie mam żadnych wątpliwości, że twoja Kawiarenka pod Różą odniesie sukces – odezwała się godzinę później Ksenia, półleżąc z przymkniętymi powiekami na kanapie. Wyglądała na tak szczęśliwą, jak jeszcze niedawno koteczka Amelii, która usypiała na jej kolanach bezpieczna, wygłaskana i z pełnym brzuszkiem.

– Będziesz miała tylu klientów, że nie nadążysz z pieczeniem – zgodziła się z Ksenią Tosia, wyciągnięta obok. – Nigdy w życiu nie jadłam takich pyszności. Nie wiedziałam nawet, że można zrobić sernik bez sera, z orzechów nerkowca, i na dodatek tak wspaniały. Amelia, będziesz wielka, ja ci to mówię.

Dziewczyna słuchała tych pochwał, równie uszczęśliwiona co przyjaciółki, ale nagle wyprostowała się na krześle i zaczęła powoli:

– A ja się zastanawiam, jak to możliwe, że mój poobijany mózg pamięta wszystkie te, niektóre naprawdę trudne, przepisy, a nie pamięta jak na imię i nazwisko ma jego właścicielka. Wyjaśni mi to któraś logicznie?

– Może nie jest mu to potrzebne – odezwała się Marylka.

Wszystkie trzy spojrzały na nią zdumione, a najbardziej Amelia.

– Nie jest mi to potrzebne?! Moja tożsamość?! Moja przeszłość?! Jak to…

– Tobie są, ale mózgowi niekoniecznie – mówiła dalej Marylka, kuląc ramiona, jakby zapadała się w sobie. – Co ja bym dała, żeby urodzić się po raz drugi, bez wspomnień. Taka *tabula rasa*. W nowym miejscu, z nowymi przyjaciółmi, z marzeniami, na które przeszłość nie rzuca cienia…

Ksenia z Tosią patrzyły na dziewczynę, która jeszcze dziś rano zdawała się im zwykłą ekspedientką z niezwykłymi zdolnościami językowymi, ale nikim więcej, jakby widziały ją pierwszy raz w życiu. Tylko Amelia domyślała się, o czym Marylka mówi. Czy raczej o kim… I ręce same się Amelii zaciskały w pięści. Gdyby dorwała w tej chwili pana tatę-dyplomatę o parszywych, lepkich łapach, co krzywdził własną córkę… Wyszedłby zdrowo poobijany, bo oberwałby tym, co Amelia miała pod ręką. Wazonikiem w pierwszej kolejności. W następnej paterą z ciastem. Potem rozejrzałaby się za czymś cięższym…

– Masz rację – rzekła cicho, zaciskając palce na drżącej dłoni Marylki. – Może stało się coś, czego nie mogłabym podźwignąć, i mój umysł w samoobronie odciął się, ot tak. – Pstryknęła palcami. – Co jednak będzie, gdy zacznie sobie przypominać?

– I oto ta, której największym marzeniem był powrót wspomnień i odzyskanie tożsamości, zaczęła sobie tego nie życzyć – skwitowała Ksenia.

Parsknęły śmiechem.

– Nie martw się, gdy tylko coś sobie przypomnisz, walniemy cię w potylicę i żegnaj pamięci! – Słowa Tosi wywołały kolejną salwę śmiechu.

– Ale nie zapomnimy o kopercie z liścikiem i paru złotych na nową drogę życia – dorzuciła Marylka swoje trzy grosze.

– Tylko adres podajcie, żebym tu trafiła po wyjściu ze szpitala. – Amelia śmiała się tak, że łzy napłynęły jej do oczu.

– Wszystko w swoim czasie – wtrąciła Ksenia. – Najpierw zapuścimy kamienicę, byś miała co pucować dotąd, aż z wyczerpania zemdlejesz romantycznie w ramionach przystojnego Olgierda Wenty...

– Zemdlałaś w ramionach mojego brata? – Tosia otarła załzawione od śmiechu oczy. – Dlaczego ja nic o tym nie wiem?

– Jeśli już, to w moich – wyjaśniła Ksenia, usiłując zachować powagę. – Ja ją tylko w odpowiednim momencie wcisnęłam w objęcia Olgierdowi.

– I wszystko jasne! – wykrzyknęła Tosia. – Teraz już wiem, dlaczego to ja tachałam ten wielki bukiet róż i to ja go wręczałam w zastępstwie brata!

– Dlaczego? – chciała wiedzieć Ksenia, puszczając do Amelii i Marylki oczko.

– Bo go spłoszyłaś!

– Jaaa? – zdziwiła się Ksenia, wskazując na siebie. – Gdybyś wiedziała, jak słodko i niewinnie wyglądała Amelia – teraz mierzyła palcem w dziewczynę – gdy Olgierd ocierał jej twarz ręcznikiem. Jak ślicznie zatrzepotała rzęsami, budząc się ze snu...

– Nie spałam! Straciłam przytomność, pucując drzwi na parterze – obruszyła się dziewczyna, ale Ksenia posłała jej tylko wymowne spojrzenie: „Już ty nas nie nabierzesz". – Przecież byłaś przy tym! Powiedziałaś, że o kamienną posadzkę nie zabiłam się tylko dlatego, że zdążyłaś mnie złapać i położyć na podłodze! To twoje słowa!

Ksenia roześmiała się w głos.

– Ale się dałaś podejść. Tak było, moje kochane niewiniątko, a że wyglądasz ślicznie, czy jesteś przytomna, czy nie, to i spłoszyłaś najprzystojniejszego faceta w powiecie...

– Miło, że tak mówisz o moim bracie... – Tosia pogłaskała Ksenię po ramieniu, a potem trzepnęła ją, aż ta podskoczyła. – Tylko więcej go w nic nie wrabiaj! I Amelii także nie! Mój brat i moja przyjaciółka są od tej pory pod ochroną!

– Dobrze, już dobrze, nie będę. – Ksenia westchnęła ciężko. – Szkoda, bo pasują do siebie.

– Równie dobrze mogę pasować do mojego T. – zauważyła cicho Amelia. – Gdy tu w końcu przyjedzie, może się okazać, że jest moim narzeczonym albo mężem, tylko pływa po morzach i oceanach albo ślęczy gdzieś pod biegunem na platformie wiertniczej.

– To byłoby całkiem prawdopodobne, gdyby nie jedno ale – odezwała się milcząca dotąd Marylka. – Nosiłabyś obrączkę albo chociaż pierścionek zaręczynowy.

Amelia przyjrzała się swojej smagłej dłoni. Rzeczywiście nie widniał na serdecznym palcu nawet ślad po obrączce. Oczywiście ci, co ją napadli, mogli ukraść jej wszystkie kosztowności, łącznie ze złotym pierścionkiem, lecz ślad by pozostał. No i bandyci, którzy ściągają ofierze pierścionek, zostawiając w kieszeni kurtki kopertę wypchaną pieniędzmi? To było zupełnie niedorzeczne.

Westchnęła, sfrustrowana do granic.

Na szczęście ten moment wybrała sobie nowa mieszkanka kamieniczki, by przypomnieć o swoim istnieniu i pańci, i gościom. Bezimienna na razie koteczka wskoczyła na kolana Amelii, a ta przytuliła ją mocno, gładząc po pręgowanym łebku.

– Tylko ciebie mam – szepnęła. – Tajemniczy T. istnieje, a może i nie, ale ten dom, ja i ty jesteśmy tu i teraz. I to jest bardzo pocieszające. Dziękuję wam, że podarowałyście mi tego kotka – rzekła z głębi serca do Kseni i Tosi. – Teraz trzeba ją jeszcze ładnie nazwać...

– Whiskas – podpowiedziała Ksenia.

Amelia uniosła brwi w niemym zdumieniu.

– Wygląda ja te koty z reklamy Whiskasa, no, będzie tak wyglądać, gdy ją trochę podkarmisz, bo teraz jest antyreklamą.

– Whiskas pasuje do kota, a przecież to koteczka – prychnęła Tosia, pukając się w głowę.

– No to Whisky. – Ksenia wzruszyła ramionami.

– Genialne! Doprawdy genialne! Amelia, ta sama, którą cała Zabajka obgaduje jako nudystkę witającą nowy dzień nago, na progu domu, gromkim „Gooood moooorning", co wieczór będzie dla odmiany wołała: „Whiiiiskyyyy! Gdzie jesteś, Whiiiskyyy!?".

Wszystkie trzy mało nie umarły ze śmiechu.

– Wyobrażam to sobie. Normalnie to widzę – wykrztusiła Ksenia. – I widzę Olenę Ryską, która odbywa tutaj pielgrzymki w celu nawrócenia alkoholiczki Amelii Majowej na drogę abstynencji. Nie możesz nazywać się Whisky – zwróciła się do kotki. – Sorry, mała.

– To może Tequila, w skrócie Tesia? – podrzuciła Marylka, wzbudzając tym nowy wybuch wesołości.

– Żołądkowa gorzka, w skrócie Gosia – prychnęła Amelia. – Nie lubicie tego mojego kota czy co?

– Ależ uwielbiamy! – wykrzyknęła Marylka, śmiejąc się w głos. Ksenia z Tosią po raz drugi tego wieczoru wymieniły zdumione, ale też uradowane spojrzenia. Nie poznawały tej skrytej, zamkniętej w sobie dziewczyny! Co za odmiana! Może Marylka nie była jeszcze duszą towarzystwa, ale potrafiła bawić się i śmiać razem z nimi!

– Już ja coś wymyślę, spokojna głowa. Jakieś piękne, ale proste imię, które będzie do ciebie pasowało – rzekła

Amelia, unosząc kotka i patrząc w jego zielone oczy. Mruczał przez cały ten czas nieprzerwanie, zupełnie jakby miał w brzuszku – oprócz połowy puszki z kocim jedzeniem – mały motorek. – Jesteś mała... mała jak... Mała Mi.

– No i masz proste, urocze imię. – Kseni bardzo się ono spodobało. – Byle się tylko charakterkiem do Małej Mi nie upodobniła.

– A ja mam pytanie: skąd ci to imię, imię bohaterki książeczek dla dzieci, przyszło do głowy, skoro nie znasz własnego? – rzekła Tosia, nagle poważna. – Chyba nie czytałaś w szpitalu „Muminków"?

Amelia spojrzała na nią spłoszona i pokręciła głową.

– Nie czytałam, ale wiem, co to są Muminki. Wiem, że oprócz nich była Mała Mi i Włóczykij. I hatifnaty, które mnie... przerażały. Te kołyszące się na boki duchy... – Wzdrygnęła się, stawiając kotkę na podłodze i pokazując, jak owe hatifnaty się kołyszą. – Moja siostra potrafiła mnie tym przerazić na śmierć – dodała i... aż zachłysnęła się własnym oddechem.

Ksenia, Tosia i Marylka również oniemiały.

Siedziały bez ruchu, patrząc na Amelię z nadzieją, że dziewczynie, która właśnie przypomniała sobie, że ma siostrę, wraca oto pamięć.

Amelia także czekała. Na cokolwiek więcej. Choć na obraz tej siostry pod zaciśniętymi powiekami. Ale nic z tego.

Jeszcze nie teraz. Nie dziś. Może pewnego dnia przypomni sobie coś więcej? Może przypomni sobie… wszystko?

Pokręciła zrezygnowana głową, a jej trzy przyjaciółki westchnęły rozczarowane.

– Pij, laska, bo widać że szampan rozjaśnia ci w głowie.

– Ksenia podsunęła jej kieliszek z musującym płynem. – Za twoje wspomnienia.

Gdy kończyły butelkę wybornego trunku nastroje znacznie się poprawiły i żartom znów nie było końca. Olgierd stanowił wdzięczny ich przedmiot, broniąca brata niczym lwica Tosia także. Marylka opowiadała przezabawne anegdoty ze sklepu, Ksenia z apteki, ale nie były to zwykłe plotki, nie padło ani jedno nazwisko, nikogo ze znajomych nie miały zamiaru ośmieszać i nie czyniły tego.

Tosia, gdy łaskawie wybaczyła im żarty na temat brata, zaczęła z kolei przywoływać powiedzonka dzieci z przedszkola, a jak wiadomo kilkulatki bywają pomysłowe w przekręcaniu słówek i tworzeniu własnych, więc już po chwili cztery młode kobiety zaśmiewały się do łez.

Na śmiechu i przekomarzaniach minęła im reszta wieczoru i część nocy.

Dopiero koło pierwszej zaczęły się żegnać z przemiłą gospodynią i umawiać na następną imprezę, pod byle jakim pretekstem. Choćby z okazji przesilenia letniego, za trzy tygodnie.

– Oczywiście u ciebie. – Ksenia głosem nieznoszącym sprzeciwu uprzedziła protesty Amelii, o ile Amelia by takowe wnosiła. – To miejsce ma klimat, bez dwóch zdań. Dzień wcześniej podrzuć Marylce listę wiktuałów. Tym razem ja funduję słodyczki, ale ty je przygotujesz. Jesteś niekwestionowaną mistrzynią.

Słowa, wypowiedziane szczerze i z głębi serca, niesamowicie cieszyły dziewczynę. Właściwie miała tylko te umiejętności i tę wiedzę: cukiernictwo. I na nią musiała – nie, nie musiała, a chciała! – postawić swoją przyszłość.

Miała jeszcze siostrę… O tym trzeba pamiętać. Koniecznie! Była pewna, że wspomnienia zaczną wracać. Nagle, albo powoli, lecz wcześniej czy później wysnują się z mroków niepamięci na światło dzienne i…

– Może za trzy tygodnie będę miała nieco więcej do opowiadania? – nieświadomie odezwała się na głos.

Gdyby wiedziała, co się już całkiem niedługo stanie i o czym będzie gadało całe miasteczko, ugryzłaby się w język, wypowiadając to życzenie.

Dziś jednak przyszłość była jedną wielką niewiadomą.

Tosia, Ksenia i Marylka pożegnały się z Amelią serdecznie, wyszły przed dom i zaczęły się zastanawiać, co zrobić z samochodem Kseni, która po alkoholu nie mogła prowadzić.

– Przenocuj go – poprosiła Amelię. – Wrócę do domu piechotą.

– A my ciebie odprowadzimy, bo masz najdalej – dodała Tosia.

Amelia długie chwile patrzyła na odchodzące przyjaciółki z ciepłem w sercu i radością w duszy, a gdy zniknęły za zakrętem, wróciła do domu, do swojego pięknego, starego domu, który już zdążyła pokochać. A skoro się coś kocha, należy się tym zająć jak najtroskliwiej...

Przez następne dni Amelia miała urwanie głowy. Własnymi siłami odmalowała ściany na piętrze, co wyszło jej całkiem, całkiem. Potem, z równie dobrym skutkiem dostosowała pokoik i kuchnię na parterze do potrzeb kawiarenki. Ale co najważniejsze próbowała załatwić wszystkie potrzebne zezwolenia. I to okazało się drogą przez mękę, bo Olena Ryska, od początku nie darząca Amelii sympatią, teraz postanowiła rzucić jej pod nogi każdą kłodę, którą miała pod ręką. Biedna dziewczyna biegała od urzędu do urzędu, a końca papierków do podstemplowania nie było widać...

Przez cały ten tydzień nie znalazła ani chwili, by odwiedzić Ksenię, Marylkę czy Tosię, to one wpadały w najróżniejszych porach dnia sprawdzić, jak Amelia sobie radzi, a widząc, jak bardzo jest znękana, pocieszały ją, jak mogły.

– Olena bywa wredna, lecz gdy papiery są w porządku, nawet ona nic nie poradzi. Wytrzymaj.

Amelia trwała więc w walce z biurokracją...

Olgierd nie pojawił się już więcej, mimo że obiecał wykarczować do końca chwasty w ogrodzie. Tosia, sama bez humoru, wytłumaczyła brata przygotowaniem do wyjazdu na kolejną misję. Tym razem w najniebezpieczniejszy rejon Afryki, co napawało biedną Tosię jeszcze większym przerażeniem niż zwykle. Amelia rozumiała to. Ważniejsze były przecież chore dzieci niż jej ogród.

Z resztą chwastów sobie poradzi, w swoim czasie. Na róże i paprocie też przyjdzie pora. Teraz trzeba jak najszybciej otworzyć Kawiarenkę pod Różą, bo pieniądze od tajemniczego T. topniały w zastraszającym tempie.

– Musi wystarczyć… Musi mi wystarczyć do pierwszych zarobków – szeptała Amelia, patrząc na plik banknotów, który jej pozostał, i tym zawzięciej pukając do kolejnych drzwi po kolejne pieczątki.

Na gest od swojego T. nie liczyła. Nawet gdyby przysłał jej następną „zapomogę", Amelia nie chciałaby z niej korzystać. Uparła się, by zarabiać pieniądze własną pracą i dzięki swoim zdolnościom. Bycie czyjąś utrzymanką wydało się dziewczynie… odstręczające. Miała nadzieję, że kiedyś, gdy spotkają się wreszcie, odda mu pieniądze, które dostała „na dobry początek", co do grosza.

Gdy zwierzyła się z tego Marylce, która po pracy wpadła pomóc przy malowaniu drugiej sypialni, ta odparła z namysłem:

– To dziwne. Gdyby ten facet był ci bliski, gdybyś go kochała, nie miałoby to dla ciebie aż takiego znaczenia. Ot, ukochany obdarował cię kamieniczką i paroma złotymi na start, bo taki miał gest i go stać...

– To samo przyszło mi parę razy do głowy – zgodziła się z nią Amelia. – Ale skoro nie pamiętam, jakie uczucia żywiłam do własnej siostry, czy skoczyłabym za nią w ogień, czy wręcz przeciwnie, darłyśmy ze sobą koty... Nie, Mała Mi, tym razem mówię o innych kotach – wtrąciła, widząc nadbiegającego zwierzaka, który natychmiast wdrapał się Marylce na kolana, domagając głaskania i mrucząc rozkosznie. – Skoro więc nie pamiętam nawet tego, czy kocham moją siostrę, czy jej nienawidzę – ciągnęła dalej w zamyśleniu – to brak uczuć do kogoś, kto jest moim mężem albo ojcem, przestał mnie dziwić.

Marylka musiała przyznać jej rację.

Teraz powinna postawić koteczkę na podłodze i pomóc Amelii w malowaniu sufitu – po to przecież przyszła, ale... stała w drzwiach pokoju, głaskała Małą Mi i... milczała.

– No wykrztuś wreszcie to pytanie. – Amelia spojrzała przez ramię na dziewczynę. – Czy ktoś odpowiedział na mail? Nie. Jeszcze nikt, choć wyszukałaś tych adresów chyba z milion. Dwie noce spędziłam na wysyłaniu do wszystkich twojego zgłoszenia. Musisz uzbroić się w cierpliwość, kochana. Marzenia lubią, gdy się na nie czeka.

– Staram się być cierpliwa, naprawdę – odparła żałośnie Marylka. – Tylko to czekanie jest... jednocześnie takie wspaniałe, bo jeszcze się nie rozczarowałam, i takie straszne, bo mogę się rozczarować...

– Doskonale cię rozumiem, droga Marylko. Takiemu marzeniu warto jednak dać szansę. I czas. W końcu zapuka do twoich drzwi, zobaczysz...

I marzenie dwa dni później zapukało.

Gdzie tam zapukało, ono po prostu wtargnęło w życie Marylki i przewróciło je do góry nogami!

Sklep był akurat pusty, a ona podczytywała „Grę Anioła" swego ukochanego autora, gdy jej telefon rozdzwonił się, a na ekranie wyświetlił zagraniczny numer.

W pierwszym odruchu Marylka chwyciła komórkę, by odebrać natychmiast, ale... nagłe zwątpienie i... strach, tak!, strach przed tym, co ten jeden telefon może zmienić... sprawiły, że patrzyła na ekran dotąd, aż zgasł, a dźwięk dzwonka umilkł. Gdyby Amelia dowiedziała się, że ona, Marylka, nie odebrała tego połączenia...

I nagle wspomnienie Amelii, która – choć wyczerpana własnymi sprawami – wysłała mnóstwo maili do biur podróży na całym niemal świecie, sprawiło, że Marylka ponownie chwyciła telefon i wybrała numer, z którego dzwoniono.

Chwilę później płynnym hiszpańskim rozmawiała z właścicielką biura w Barcelonie – w ukochanej, wymarzonej

Barcelonie właśnie! – która pilnie potrzebowała przewodnika po tym mieście. Jeden z jej pracowników w przyszłym tygodniu wyjeżdża w sprawach rodzinnych i jeśli Marilla chciałaby...

Marilla ucałowała telefon zaraz po zakończonej rozmowie, zamknęła sklep i pobiegła do Amelii, którą tym razem zastała na tyłach domu, w ogrodzie.

Było przepiękne, piątkowe popołudnie. Amelia miała dosyć czterech ścian, choćby najbardziej kochanych, i zapragnęła odrobiny słońca i ciepła. Na widok wpadającej do ogrodu Marylki podniosła się powoli z kolan, odłożyła doniczkę z różą, którą zamierzała właśnie posadzić, i powiedziała tylko jedno słowo:

– Zadzwonili?

Marylka bez tchu rzuciła się jej na szyję.

Niemal płacząc ze szczęścia, streściła całą rozmowę.

– Wyobraź sobie, że ot tak, przez ładny kwadrans mówiłam po hiszpańsku! Nawet myślałam w tym języku! Ani razu nie potknęłam się na jakimś słówku, żadnego nie zapomniałam, a wiesz, co na koniec powiedziała mi Jacinta, właścicielka biura?

Amelia pokręciła głową, a oczy jej się śmiały.

– *„Gran toque.* Masz wspaniały akcent. Jakbyś urodziła się tutaj, w Barcelonie" – to właśnie mi powiedziała!

– Kiedy lecisz? – zapytała Amelia, nagle konkretna do bólu. Była drimerką, a nie marzycielką, bujanie w obłokach jej nie wystarczało. Należało łapać szansę, gdy tylko pojawiła się na horyzoncie i działać!

Marylka, która zdawała się unosić ze szczęścia metr nad ziemią, nagle… na nią spadła.

– Ja… jeszcze nie mogę… – wykrztusiła, dławiąc się własnymi słowami.

Uśmiech na twarzy Amelii nagle zgasł. W jednej chwili szczęśliwa tak samo, jak Marylka, w następnej wybuchnęła:

– Jak to nie możesz?! Przecież to spełnienie wszystkich twoich marzeń! I o Hiszpanii, i o Zafónie, i o nowym życiu! Jak to nie możesz?! Masz gwarancję, że zadzwoni ktoś jeszcze?! Liczysz na lepszą propozycję, czy co?!

– Źle mnie zrozumiałaś, przepraszam – odezwała się pokornie dziewczyna. – Jacinta prosiła, bym przyleciała jak najszybciej, bo naprawdę potrzebuje zastępstwa, ale… ja na razie nie mogę. – Spuściła wzrok, nie śmiąc spojrzeć w pełne rozczarowania oczy Amelii.

– Jeśli się martwisz, że szefowa się obrazi, bo rzucasz pracę w jej sklepie z dnia na dzień, jestem gotowa cię zastąpić dotąd, aż nie znajdzie kogoś na twoje miejsce.

– Zrobiłabyś to? Dla mnie?

– Jeżeli ty zrobisz to dla siebie – owszem, ale widzę, że należysz do ludzi, co to tylko pogadają o marzeniach, ponarzekają, że nie mogą ich spełnić, a jak trafia im się szansa…

– Muszę nazbierać na podróż – przerwała jej Marylka. – Mam trochę odłożonych pieniędzy, ale nie wystarczy mi na przelot i trzy dni w najtańszym hotelu – tyle muszę się tam utrzymać na własny koszt, potem, jeśli się oczywiście sprawdzę, dostanę zakwaterowanie. Mogę przez trzy dni nie jeść, ale samolot i hotel… Przepraszam, kochana, wiem, że cię rozczarowuję, ale nie mam nawet nic cennego, co mogłabym zastawić w lombardzie albo sprzedać…

Amelia obróciła się na pięcie i wpadła do domu.

Marylka została w ogrodzie sama, załamana, ze zwieszonymi ramionami i łzami w oczach.

W następnym momencie… Amelia wypadła z domu, z ustami zaciśniętymi w wąską kreskę i oczami ciskającymi błyskawice, po czym chwyciła dziewczynę za rękę, wcisnęła jej w dłoń plik banknotów i rzekła krótko:

– Już masz.

Marylka spojrzała z niedowierzaniem najpierw na pieniądze, potem na Amelię.

– Co teraz? Wymyślisz jakąś inną wymówkę czy wsiądziesz w najbliższy samolot i polecisz do Barcelony?

– Wsiądę i polecę – wyszeptała Marylka, jeszcze nie wierząc w to, co się dzieje. – Pozwól mi się tylko spakować.

Amelia położyła dłonie na jej drżących ramionach, spojrzała prosto w pełne łez oczy i twarz jej złagodniała, a źrenice rozświetlił uśmiech, kiedy mówiła cicho:

– Więc pakuj się i leć. Czekam na telefon od ciebie. Już z Barcelony.

To powiedziawszy, obróciła Marylkę i pchnęła ku drzwiom. Dziewczyna, zupełnie jakby porwały ją i znów uniosły w górę anielskie skrzydła, pobiegła. W progu zatrzymała się. Chciała coś powiedzieć. Podziękować. Ale zaciśnięte ze wzruszenia gardło nie przepuściło żadnych słów.

Za to Amelia powtórzyła:

– Leć, kochana. Ty zrobiłabyś dla mnie to samo.

A gdy Marylka zniknęła, opadła z powrotem na kolana, ujęła doniczkę z zapomnianą różą, zapatrzyła się w pierwszy pąk, nieśmiało rozwijający płatki, westchnęła z głębi serca i wyszeptała:

– Chciałabym, żeby moje marzenie spełniło się tak szybko...

Prosisz – masz.

Nazajutrz, w sobotę, obudził ją dzwonek do drzwi.

Olgierd – pomyślała.

Zerwała się z łóżka, trochę rozbawiona, trochę zła, że znów ujrzy ją w nocnej koszuli i na pewno będzie z niej przez resztę dnia kpił, ale... przed drzwiami kamieniczki oczekiwał nie brat Tosi, którego Amelia mimo wszystko powitałaby z radością, a listonosz.

Listonosz? W sobotę?

Otworzyła drzwi, czując, jak serce jej zamiera ze strachu.

Przywitał się staromodnym salutem do daszka granatowej czapki. Amelia skinęła głową. Tym razem to ona, nie Marylka, która wyleciała do Hiszpanii wczoraj w nocy, nie mogła wykrztusić ani słowa.

– Mam telegram do pani – wyjaśnił. – Proszę pokwitować.

Podpisała się odruchowo tam, gdzie wskazał, a on pożegnał się, wsiadł do starego opla i odjechał.

Dopiero w tym momencie, gdy została sama z białą kopertą w dłoni i chaosem uczuć, dopiero teraz zorientowała się, że w pierwszej rubryczce – listonosz wskazał do podpisu ostatnią – musiało widnieć jej, Amelii, prawdziwe imię i nazwisko. Miała szansę poznać jak się nazywa!

Już miała biec za samochodem, w nocnej koszuli i narzuconej na ramiona kurtce, gdy ciekawskie spojrzenia przechodniów kazały dziewczynie wejść do środka i zamknąć za sobą drzwi.

Oparła się o nie plecami. Koperta z telegramem parzyła w ręce. Wiedziała, od kogo jest ten telegram, ale czy chciała go otwierać?

Może T. rozmyślił się i jednak odbierze jej kamieniczkę? Każe też zwrócić pieniądze, które ona zdążyła przez ten czas wydać niemal całkowicie?

A może…

Nie dowiesz się, dopóki nie przeczytasz – stwierdziła stanowczo, rozerwała kopertę i przebiegła wzrokiem kilka linijek tekstu.

Przyjeżdżam dzisiaj koło południa. Chcę sprawdzić, jak sobie radzi moja „Amelia". T.

Pod dziewczyną ugięły się nogi.

T. przyjeżdża! Koło dwunastej!

Za cztery godziny Amelia dostanie odpowiedź na wszystkie dręczące ją pytania! Pozna w końcu swoje imię i nazwisko. Pozna datę urodzenia. Dowie się, kim jest jej siostra i gdzie mieszka. Wreszcie kim jest sam T.

To wszystko za marnych parę godzin!!!

Co robiła przez czas, który pozostał do południa, pozostało dla niej potem niejasne. Miotała się bowiem po całym domu, sprzątając go od parteru po strych, zupełnie jakby przez ostatnie tygodnie tego właśnie nie robiła. Próbowała ze skromnych kilku ubrań skomponować kreację, która spodoba się zarówno narzeczonemu czy mężowi – bo nim mógł się okazać T. – co... ojcu. Bo przecież to mogło być T. jak Tata. Chciała biec do Kseni z wielką wiadomością i cofała się na progu własnych drzwi. Chciała biec do Tosi. I zawracała na schodach.

Tak mniej więcej upłynął jej czas do Spotkania przez duże S.

Dzwonek do drzwi, dokładnie w chwili, gdy kukułka – też sobie porę na zmartwychwstanie wybrała! – po raz pierwszy od nakręcenia zegara zaczęła odkukiwać południe, zastał Amelię w łazience, gdy drżącymi rękami próbowała poprawić makijaż.

Zbiegła na dół i zupełnie roztrzęsiona otworzyła drzwi, stając przed wysokim, szczupłym mężczyzną.

Pierwsze, co rzuciło się Amelii w oczy, to wyraz wyczerpania na jego pociągłej twarzy. Drugie to uśmiech, którym mimo tego wyczerpania ją powitał.

Ten uśmiech… nagle zgasł.

A mężczyzna cofnął się o krok i zapytał, marszcząc brwi:

– Spodziewałem się Melanii. Kim, na litość boską, pani jest?!

Warszawa, 22 sierpnia 2014 r.

———— • ————

„Amelia"
dalszy ciąg tajemniczej historii
czarnookiej właścicielki
„Kawiarenki pod Różą"

SPIS TREŚCI

Rozdział III. Marylka • 175

Torty, suflety, serniki i babki – uwieńczenie cukierniczego dzieła. Wspaniałe, imponujące, aromatyczne i perfekcyjne. W sam raz na specjalne przyjęcia • 201

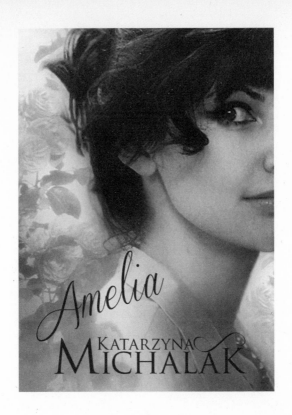

Amelia

KATARZYNA MICHALAK

●

Kim jest Amelia,
czarnooka właścicielka „Kawiarenki pod Różą"?
Kim jest tajemniczy T. ?
Czy odzyskana przeszłość wyzwoli piękną dziewczynę,
czy wręcz przeciwnie,
stanie się jej przekleństwem?
O tym przekonacie się niebawem.

AMELIA

KATARZYNA MICHALAK

Informacji o dokładnej dacie wydania „Amelii"
wypatrujcie na stronie Autorki oraz na stronie wydawnictwa FILIA.